지족 知足

■ 문종환文宗煥

1938년 1월 31일생
경기도 양평군 옥천면 신복리 24번지 출생
현주소 : 서울 노원구 상계로 108(상계동)
1958년 3월 휘문중고등학교 졸업
1964년 3월 연세대 상경대학 상학과 졸업
1964년 3월 삼호무역주식회사 입사
1967년 동진공업사 대표
1975년 선일무역주식회사 대표이사
2010년 효봉무역주식회사 대표이사 역임

현) 한국문인협회, 국제펜클럽한국본부 회원
계간문예작가회 이사, 한맥문학작가회 이사, 노원문인협회 고문

■ 저서著書

제1시집 『인생의 주름에 접혀진 꽃잎들』(시 318편)
제2시집 『지족知足』(시 339편)
제3시집 『어머님의 창窓과 시詩 속에 잠재운 아내와 나의 시골농장』
(시 335편)
수필집 『인연이 꽃피는 나무들』(수필 42편)
족보 『남평문씨 헌납공파 휘응태계 세보(南平文氏 獻納公派 諱應台系 世譜)』

■ 표지삽화 : 스카이미술학원 원장 문희준

계간문예시인선 119

지족知足

문종환 제2시집

계간문예

작가의 말

지난 2006년 첫 시집 ≪인생의 주름에 접혀진 꽃잎들-318편 수록≫을 발간한 후 금년 2017년까지 10년간 써 모은 시들을 엮어 나의 제2, 3시집과 수필집 1권을 합쳐 3권을 한꺼번에 출간하게 되었다. 이 ≪지족知足≫이 제2시집이 되는 것이다.

환갑 나이 들어서 지족知足의 세 가지 가르침을 따르기로 작심하고 40년 힘들여 걸어오던 수출무역 외길 결과에 만족하며 과감히 벗어나, 욕심을 버리니 비운 마음 되어 고교시절 좋아했던 시를 다시 만나게 되었다. 시詩와 제2의 인생人生길로 접어들어, 분수를 지키다보니 비록 안개 속에 가려 안 보이는 시어詩語들이나, 읽을 수 없는 저 하늘 밖 허공虛空 속 시어詩들보다는 그저 눈앞에 펼쳐지는 행복한 삶의 현장現場 속 시의 요정妖精들만 사랑하고 즐기며 지내왔다.

그렇게 시와 함께 지내 온 지 어느새 20년 세월, 그동안 나의 시詩의 요정妖精들은 서울 집에서나 시골농장에서나 하루도 나를 놓아주지 않고 나의 비운 마음을 독차지했다. 심지어 꿈 속에까지 찾아 들어 복에 겨운 애증행각愛憎行脚을 하며 세월 가는 것도 잊고 살았다.

남편의 사업과는 별도로 효봉물산曉峰物産을 운영하느라 젊어서부터 마음 고생 많았고, 그 고생 덕으로 노후에는 아무런 걱정 없이 지낼만한데도 지금까지 남편을 따라 농장을 오가며 그 힘든 농사일 하면서도 행복幸福해 하는 나의 아내야말로 남편에게 부처님의 가르침인 지족知足의 지혜知慧를 터득케 해준 스승임에 틀림없다 하겠다. 고마운 나의 아내에게 이 시집詩集을 바친다.

2017년 7월

노원 상계로 108 우거寓居에서

문 종 환

| 서시序詩 |

삼색 함박꽃

청록색 꽃받침 위 호사스런
진분홍
진노랑
연분홍

그 어느 소중한 분 맞이하기에
송이송이 꽃송이마다
이리도 곱게 몸치장 했나요

알면서도 모른 척하시긴!
당신과의 인연 때문에
해마다 이맘때면 찾아오는 걸

| 목차 |

2부 손녀딸과 가야금

4부 시가 나를 멀리한다면

5부 행복샘터

6부 강낭콩

7부 지족

8부 종심소욕불유구

9부 연작시

10부 분홍새

1부

함박꽃웃음

할미는 행복했네
할미 병원 다닐 때 한집에 살며
간호사 노릇해준 3살 박이 손녀딸이랑

함박꽃웃음
– 가족사진

활짝 핀 함박꽃들이에요
활짝 핀 함박꽃웃음들이에요
열일곱 송이 함박웃음꽃들이에요

한가운데
칠순 맞아 한복 입은
우리 두 내외도 행복한 함박꽃웃음

동그랗게 둘러싼
아들며느리 손주들
열다섯 꽃송이 모두 행복한 함박꽃웃음

두 내외 사는 이 집
결코 외로움을 타지 않는 이유는
늘 함께하는 함박꽃웃음 때문이에요

당현천에 맑은 물 흐른다네

당현천에 맑은 물 흐른다네
맑은 물 흐르면
숨어살던 불암산 가재들 놀러들 내려오고
목말랐던 수락산 산새들도 놀러들 날아오고
한강에서 노닐던 물고기들도 놀러들 올라오고
아가들도 아이들도 엄마아빠들도 놀러들 나오고

당현천에 맑은 물 흐르면
화가들도 그림 찾아 기웃거리고
시인들도 시를 찾아 산책하겠네
두루미들도 날아와 두리번거리고
잃었던 맑은 마음들 다시 찾겠네

유리창 화단

초록뿐이던 화단 쪽
유리창에

갑자기 얼굴 들이 민
진자주 모란꽃 송이송이

뒤이어 기웃거리는
연분홍 함박꽃 몽우리들

이제야 제자리 찾아가는
유리창 화단花壇

초록빛 미소

아침마다 테라스로 나가
초록빛 오이 따들고 들어오며
보내주는 아내의 초록빛 미소

온종일 따들고 들어오면
온 집안 온종일
초록빛으로 물들겠네

산뽕차 향기

이 아침 서재로 들어와
창문을 여니

베란다에서 밀려드는
산뽕 냄새

어제 농장에서 따온
산뽕잎을

어느새 나보다 먼저 나와
찜통에 살짝 데쳐
채반에 널어놓은 아내여

오는 겨울에도
우리 주전자에서는
산뽕차 향기 그칠 날 없겠구려

목련나무의 슬픔

저 아래 마당 목련나무가 울고 있습니다.
그만 울라고 달래도 더 큰소리로
엉엉 소리 높여 울고 있습니다

꽃잎 질 때 쓸기 싫다고
낙엽 질 때 쓸기 싫다고
자기 집 창문 가려 싫다고
그래서 반쪽으로 잘린 얼굴 때문이냐 물어도

그것 때문만이 아니라 하기에
그러면 잃어버린 꽃봉오리 불쌍해 그러느냐
잘린 반쪽 얼굴 상처 모진 꽃샘추위가
아프게 해 그러느냐 물었더니

그제야 울음을 그치고 말해줍니다
인간들이 불쌍해 운다고
황폐해가는 인간들 마음 불쌍해 운다고

빗소리(1)

밤잠 설치며
기다리던 빗소리

새벽녘에야 듣고
테라스로 뛰쳐나가보니

나보다 더 애타게 기다렸구나
호박꽃들이

노란 입들 활짝 벌리고
벌컥벌컥 마셔대고 있으니

빗소리(2)

이 새벽
빗님 오시는 소리
유리창 뚜드리며 오시는 소리

아! 드디어
와주시는군요
또 한 번 노여움푸시고

온 나라 겨울 가뭄으로
저수지 바닥나 갈라지고
고지대 주민들 급수차로 연명하고
건조한 산 화마로 잿더미 되어

원초적 모성애 어쩌지 못해
또 한 번 눈감아주시고
와주시는군요

찰랑찰랑 가득 채워주소서
목말랐던 산과들 흠뻑 적셔주소서
멈추었던 개울물소리 듣게 하소서

빗소리(3)

한밤중부터
이 아침 늦게까지

천둥치고 번개치고
장대비 쏟아지다
가는비 뿌리고

일기예보는
그저 대기불안정 때문이라고
간단히 알려주지만

왜 나에게는
하늘의 통곡소리로만 들릴까

분노로 꽈르릉거리다가
굵은 눈물 쏟아 내리다가
울다 지쳐 가는 눈물 흘러내리고

꼴값 떤 건 나였구나

창밖 화분에다
오이씨 몇 알 심어놓고

헛꽃 피어준 것만도
대견스레 바라보고 있는데

어느 날 왕벌들 날아들어
헛꽃 주변 맴돌더니

며칠 후 보일락말락
새끼 오이 나오다 시원찮아보여

그래도 꼴값은 떨었구나
가소로워 빈정댔는데

아니! 오늘 아침 아내가
따들고 들어오는 저 큰 오이들!
꼴값 떤 건 나였구나!

기왕에 태어났으니

호박줄 매어주네

줄 따라 새순들 올리라고
더듬이로 꼭 잡고 올리라고
호박줄 매어주네

일부러
심어주지도 않았는데
어쩌다 화단 한구석에서 싹 터

잡풀 속에서 갈 길 못 찾아
헤매는 모습
안쓰러워

기왕에 태어났으니
한세상 살다 가라고
호박줄 매어주네

혹시나 애호박이라도 열려주면

씨받이로 잘 키워 농장에다
터잡아주겠다 다짐도 해주면서

달래

아내는
달래 부자

5층 테라스
작은 텃밭 두 개는
아내의 달래 화수분

마음 내키면
한 묶음 뽑아
다듬어

전화 걸어
달래 간장 좋아하냐 묻고는
약속 시간 맞추어 나가는

아내는
행복한 달래 부자

염치없는 새들

저 새 좀 봐요 머루 다 따 먹어요
아내의 다급한 소리 듣고
테라스로 나가보니

한 마리는 담장 위에서 망을 보고
한 마리는 머루넝쿨 속에 머릴 박고
익은 머루 골라 쪼아 먹고 있었네

해마다 머루 송이 익어갈 이때쯤이면
어김없이 날아와 쪼아 먹는
저 이름 모를 새 한 쌍

에라! 금년에는 안 되겠다 싶어
새를 쫓고 나서 바구니 들고나가
익거나 덜 익었거나 모조리 따면서

이 염치없는 새들아!
작년에 몽땅 양보해 주었으면
금년에는 내 머루주도 생각해줘야지

바람

바람 한 점 없는
뜨거운 땡볕

창밖의 저 여주 덤불
왜 흔들릴까

노오란 저 여주꽃들은
왜 소스라칠까

한참을 지켜보고 나서야
알게 되었네

벌들이 노란 여주꽃들에게
바람을 일으키고 있었네

이글거리는 땡볕

저 두 여인
이 번잡한 거리를
해변으로 생각하나 봐

걸친 옷은
허벅지까지 올라온 짧은 바지에
어깨걸이 앞만 가렸으니

저 두 여인
이글거리는 땡볕을
갑작스런 소낙비로 아는가 봐

이 건물 그늘에서 숨 고르다
저 건너편 그늘로
줄달음치니

고추잠자리

꽈리줄기 묶어준
화분 위 막대 끝에

사뿐히 날아 와 앉은
빨간 고추잠자리 한 마리

빨간 제 짝 찾아 헤매다
예까지 왔나

주렁주렁 주홍색 꽈리보고
제 짝인 줄 알았나

눈망울 갸웃갸웃 굴리다
깜박 속은 걸 알았는지

눈부신 햇살로 날개 반짝이며
하늘 높이 날아가는 고추잠자리

앉은뱅이소나무를 애도함

네 파란 솔잎
다 누렇게 시들어가는구나
이 작은 화단 슬픔에 잠겼구나

어머님 살아생전 걸어주신 종
잔잔한 바람에도 숨죽여
울고 있구나

어머님 놓아주신
다듬잇돌 위 돌하르방 밤새 울어
눈퉁이 퉁퉁 부었구나

너만 아낀다고 시샘하던
네 옆 주목나무 이제는 외로워서
까칠하구나

앉은뱅이소나무야
긴 세월 서로 마주보며 사랑했으니
더 이상 슬퍼 말자 제행무상 아닌가

수수 빗자루

한해 농사라고 고작 한 종지
씨앗거리나 털어주고

베란다 창에 빈 껍데기로
거꾸로 매달려

지껄이는 저 말 좀
들어나 보소

그게 왜 다 내 탓이냐고
세 번 태풍에 견딜 재간
있으면 나와보라고 해요

고까짓 거 하고 원망만 말고
빗자루나 만들어 그 욕심이나
말끔히 씻어버려요

대보름달

잔뜩 낀 구름
대보름달
못 보게 가려

옥상에라도 올라가
한해 소원 빌지는
못하지만

식탁에 올라온 나물무침들
시래기 호박 토란 가지 취
모두가 아내가 심어 기른 나물들

마주앉은 아내의 얼굴
대보름달로 보이네
주름진 구름 사이 밝기도하네

모과 풍년

마루에도
모과 한 바구니

식탁에도
모과 한 바구니

방 안에도
모과 한 바구니

온 집안이
농장에서 옮겨온 모과들 세상

모과 향기 구름 되어
우리집 둥둥 띄워주네

마루 위 모과들은 썰어말려 차로 마실 거요
식탁 위 모과들은 항아리에 넣어 효소 만들 거요
방안의 모과들은 술독에 넣어 모과주 담글 거요

만두

수북한 만두가
소쿠리에서 모락모락
김을 올리고 있소

모락모락 오르는 김 속에서 아내는
어릴 적 아들들 얼굴 떠 올리며 웃고 있소
불혹의 아들들 얼굴 떠올리며 웃고 있소

들어설 불혹의 아들들 기다리며
현관문만 바라보고 있는
아내여

유년과 불혹의 아들들 나이도
구분할 줄 모르는
아내여

감 말랭이

연못가 감나무
금년에는 너무 많이 열려
걱정이라더니

꼭두새벽부터 일어나
껍질 벗겨 썰어
감 말랭이 만든다고

건조기에
가득 집어넣고 그 옆에서
잠에 들어 웃음 띤 아내 얼굴

모레 온다는 손주들
맛있게 먹는 모습 미리
꿈 속에서 보고 있는가 보다

연시軟柿

창밖 베란다 바로 앞
바구니 속의
감들

출출하면 손 내밀어
말랑말랑한 걸로 골라
입에 넣어 맛을 볼 때면

어김없이
눈앞에 다가와 어른거리는
농장 연못가 감나무

아주 떫어서 눈살 찌푸리면
저도 아이 떫어라
이맛살 찌푸리고

아주 달아서 좋아 웃으면
저도 아이 달구나
활짝 웃어주고

어리석은 지도자

테라스 자그마한 텃밭에서
인터넷 선을 타고 창문 틈새로
새까맣게 몰려들어온 개미떼들

수많은 이 작은 개미떼들이
컴퓨터와 책밖에 없는 이 서재에
뭣 때문에 몰려들었을까

인터넷 속에
개미 영토라도 마련하여
왕국이라도 세우려 왔을 리는 없고

개미들 대열을 따라 가보니
침상 밑 한구석에
흘러넘친 매실효소

결국 단맛 때문이었구나
수많은 종족을 죽음으로 이끈 것은
어리석은 개미들의 지도자였구나

병원에서 돌아오는 길

조그만 연못 속
물고기들
반갑게 맞아주네

줄지어 바쁘게 오가는
작은 물고기들은 몸 뒤집어
반짝이는 비늘 보여주고

몸집 큰 붉은 잉어와 월척붕어는
수풀 속 몸 감추고 얼굴만 내민 채
큰 눈망울로 맞아주네

물고기들 알고 있다네
매달 한번씩 병원 다녀오는 길엔
꼭 머물다 간다는 걸

한참을
저들과 노닐다보면
어둡던 마음도 가셔진다는 걸

달덩이호박

두 내외 사는 집에
귀염둥이
생겼네

자그마한 테라스 한구석
풀 속에 숨었던 달덩이호박
얼굴 내밀었네

할미도
아침저녁 들여다보며
잘 잤느냐 잘 자거라 말 건네며

할아비도
그놈 참 잘도 생겼구나 하며
볼 때마다 쓰다듬어 주네

왕고구마와 왕호박

마루 한편 탁자 위에서
으스대고 있는
왕고구마와 왕호박

으스댈 만도 하지
올해의 명예전당에
올랐으니

저 왕고구마는 얼마나 큰지
6살 난 손자 손에 들려 사진 찍다가
힘에 버거워 떨어뜨렸으니

저 왕호박은 얼마나 잘 생겼으면
여름내 깊었던 아내의 주름까지
함박웃음으로 활짝 펴주었나

집까지 따라온 낙엽 한 잎

어머나!
낙엽 한 잎
집까지 따라왔네요

농장에서 돌아 와 내려놓은
나의 배낭주머니에서
아내가 발견한 낙엽 한 잎

지난 늦가을
농막 앞마당 구석에
쓸어 모았던 낙엽들

오늘 내려가 온종일
밭고랑에 옮겨주고 왔는데
웬일로 집까지 따라왔을까

혹시나 이 낙엽 한 잎
오늘 밤 함께 지난 가을 되새기자는
시의 요정은 아닐까

아내와 비둘기

웬 남루 걸친 비둘기 한 쌍
베란다 안까지 들어와
몇 알 고추씨를 쪼고 있기에

소리 질러
쫓아내려 했더니

옆에 있던 아내
쉿! 하고 손가락을 입에 대며

오죽 허기졌으면
이 5층까지 날아와
고추씨라도 먹겠느냐며

쌀알 한 옴큼 꺼내다
멀찍이서 뿌려주는 보살의 마음

수제비

가을걷이 끝내야하는데
웬 늦장마

창밖 고인 물에 떨어지는
방울방울
낙수 물방울 보니

생각나는 수제비
답답한 속 풀어줄 것 같은
따끈따끈한 수제비

출출하기도 한 참에
부엌으로 들어가 보니

이게 웬일!
아내 내 마음 어이 알고
수제비 뜨고 있네

꼬꼬엄마 오셨네

꼬꼬엄마 오셨네
아내의 친정집 마당발
아내의 사촌언니 꼬꼬엄마 오셨네

일찍이 남편 여의고
길러준 전처 딸 꼬꼬에게서도 외면 받고
친정 여동생집에 살면서

희수喜壽 나이 코앞에 두고서도
사촌들의 손주들 생일까지 달달 외고
찾아다니면서

자식 한번 낳아보지 못해
꼬꼬엄마라 불러주는 걸 좋아하며
밝은 웃음 잃지 않고 살아가는 꼬꼬엄마

오늘은 왜 또 오셨을까
누구 생일이라 함께 가자고
아내 찾아왔을까

진눈깨비

진눈깨비 내리는
칠순잔치에
어찌 소주 한 잔 없는가

남편이 하도 술 좋아하다
혼자 남겨놓고
일찍 앞서가

혼자 남아
칠순상 받고 보니
남편 데려간 술 얼마나 미울까

하지만 진눈깨비 내리는데
고인도 한 잔 마시고 싶을 텐데
어찌 소주 한 잔 없는가

지어준 이름값

된서리 내리기 전
농장에서 따온 늙은 호박 하나

난생 처음 따본 큰 호박 신통도 하여
우리 내외 싱글벙글
손수레로 끌고 와

〈황금호박〉이라 이름까지 지어주고
귀하신 몸 행여 다칠라
탁자 위에 모셔놓았더니

이 길고긴 겨우내 볼 때마다
황금부자라도 된 것만 같으니 외려
지어준 이름값 부족한 게 아니겠소

참 부러운 친구지간

아내는 오늘 아침
친구와 둘이서
소래포구로 갔네

김장철이 다가오는 이맘때면
꼭 그 친구와 둘이서
그곳 소래포구로 가네

젓갈도 사고 바닷바람도 쐴 겸
그 옛날 소녀시절로 돌아가
소풍을 가는 것이네

중학교부터 단짝이라더니
고희 중반도 넘은 지금도 단짝
참 부러운 친구지간

그 옛날 이름 서로 부르며
지금쯤 소래포구에 도착해
갈매기들 보며 옛이야기 나누겠네

창밖에 눈이 내리네

창밖에 눈이 내리네
불암산 너머 농막쪽 하늘도
눈구름 잔뜩 가려 보이지 않네

농막 지붕에도 지금
그제 쌓인 눈 위에
또 내리는 저 눈 쌓이고 있겠지

농막 앞마당에도 지금
그제 쌓인 눈 위에
또 내리는 저 눈 쌓이고 있겠지

인적 없는 산자락 밑 밭에도
오가는 산짐승들 발자국 위에
또 내리는 저 눈 쌓이고 있겠지

봄이 오려면 아직 멀었고
봄이 와봤자 힘들여 일할 그 곳인데
왜 눈발 속 내 마음 이리도 설렐까

겨울딸기

이른 아침
아내가 들고 나온
쟁반 위 빨간 딸기 보고

밤새 내려 쌓인
창밖의 하얀 눈 놀라
하얗게 소스라치네

고봉백설기

백 년 만의
눈 폭탄 맞았다고
온 나라 안이 야단법석인데

우리 집 옹기종기 장독들은
백년만의 고봉백설기 인 채
깊은 선정에 들어있네

철부지 장미

이 철부지 장미야
저 창밖 좀 내다보아라
쌓인 눈도 움츠리고 있는 걸

마루로 옮겨 들여와
유리창 햇볕 쪼이고 있으니
봄이라도 온 줄 아느냐

어쩌자고 이 한겨울에
연초록 새싹 돋아내며
가슴 설레게 하느냐

설마하니 이 한겨울에
꽃망울이라도 보여 주려느냐
꽃송이라도 터트려 주려느냐

3월의 폭설과 까치

까치가 우네
울긴 우는데 보이질 않네

가만히 우는 쪽 보니
검정색들만 오락가락 하네

하얀 가슴은 흰 눈에 빼앗기고
검은 날개와 부리로만 울고 있네

폭설에 묻힌 제 집 어쩌냐고
치워도 계속내리는 눈 어쩌냐고

까치가 우네
울긴 우는데 보이질 않네

눈은 다정과 함께 오는가

병원 들어설 때는
눈 내릴 기미
알아차리지 못 했는데

병원에서 나오니
눈이 내리네
함박눈이 펑펑 내리네

기왕 두 내외 나온 김에
점심이나 들기로 하고
옛날 자장면 집을 찾아가네

나야 모자를 써서 괜찮지만
아내는 목도리 풀어 머리 감싸고
눈 맞으며 눈 속을 걸어가네

혹시나 미끄러질까
아내는 나의 팔을 꽉 잡고
나도 오랜만에 아내의 팔을 잡아주네

눈은 다정과 함께 오는가
아주 먼 지난 날 눈 속을 함께 거닐던
연인 시절 아내가 내 곁에 있네

창밖의 폭설

옹기종기 장독들
키 순서대로
눈 속으로 몸 감추고 있네

제일 키 작은
장독들은 벌써
숨어버렸네

키 큰 장독들은
오지색 볼록 배 내밀고
아직 멀었다 버티고 있네

기고만장 폭설은
키 큰 장독들 허리를 줄이려
위 아래로 치열한 공격 계속 하네

그리운 농막

밤새 내려쌓인 눈 내다보니
내 시골 농막
눈앞에 떠오르네

불암산 너머 하늘 저쪽 아래
외진 산자락 밑에서
하얀 눈 이고 있을
내 조그만 농막

그 조그만 농막도 나처럼
이쪽 하늘 바라보며
우리 내외 그리워할까

하기야 이른 봄부터 초겨울까지
들락날락 부산떨던 우리 내외
농막인들 어찌 잊을까

밤새 내려쌓인 눈 내다보니
내 조그만 시골농막 그리워지네
봄은 어디쯤 오고 있나 가늠해보네

눈발자국

겨우내
텅 비워 두었던 농막
모처럼 찾아 와보니

들과 산 아직도
3월 폭설로 뒤덮여
온통 하얀 눈 세상인데

농막 앞마당에
웬 발자국일까
녹다 말다 하여 알 수가 없네

멀리 갔다는 누렁이 발자국일 리 없고
작년에 떠난 전 노인 왔을 리 없고
올해도 다투며 지낼 고라니들일까?

아내가 한복을 다리고 있네

아내가
한복을 다리고 있네

설날 아직 이틀 더 남았는데
한복을 다리고 있네

아내가 입을 연두색 치마저고리
저리 곱기도 하고

내가 입을 옥색 바지저고리
저리 밝기도 한데

아내여 나는 알고 있다오
왜 얼굴이 흐렸다 개였다 하는가를

설날 아침
손주들 세배 받을 기쁨과
한 살 더 먹을 나이 때문이란 걸

참새가족의 새해 첫인사

장독대에도 눈
화단에도 텃밭에도 눈
온통 쌓인 눈뿐인데

눈 털은 포도나무 가지에
쪼르르 앉아 재잘거리는
저 참새가족

무어라고 저렇게
창 안의 나를 보고
새해 첫날 인사를 보내는 걸까

더도 말고 덜도 말고
작년처럼만 행복하라는 걸까
농사나 지으며 시와 함께 살라는 걸까

알람시계

보면 볼수록
귀여운 꼬맹이
알람시계

지난 봄여름 가을까지
얼마나 수고가 많았느냐
우리 내외 새벽마다 잠깨느라

잠깨서도 일어나지 않으면
점점 더 안절부절못하며
기어코 일어나게 하고야마는

귀여운 꼬맹아
봄이면 또 바빠질 테니
이 한겨울 나처럼 푹 쉬거라

보청기

아내여
보청기를 하세요
귓속에 쏘옥 넣으면 보이지도 않아요

또 보이면 어때요
요조숙녀들 귀걸이 한 모습
얼마나 보기 좋은가요

나이 들어간다는 게 무슨 흉인가요
나이 들어간다는 게 순리인 것처럼
나이 들어 청력 떨어지는 것도 순리이지요

알아요 당신 말대로 지금도
당신은 내가 하고 있는 말
다 알아듣고 있다는 걸

다만 당신이 모르고 있는 것은
내 목소리가 자꾸 커져가
남들이 보면 싸우는 줄 아는 거예요

아내여 보청기를 하세요
아들들이 사다 준 소중한 두 귀로
남편의 소곤거리는 말도 들어봐요

아내의 요술

할미는
무슨 요술 부렸나

해마다 어버이날이면
들고 오는 카네이션꽃
한 번 져버리면 그만이었는데

금년 손녀딸이 들고 온
아주 작은 화분의 카네이션
큰 화분에 옮겨 정성 쏟더니

이젠 중학생이 된 손녀딸처럼
아주 소담해진 연분홍
저 카네이션꽃

할미 무슨 요술부렸나
입동 지난 지금도 꽃피워
손녀딸 보듯 행복하니

글로벌 세상

고희도
중반에 들어선
애비가

어느새 불혹의 나이도
중반에 들어선 잠든 아들의
얼굴을 어루만져주네

무슨 회사 그리도 바빠
멀고 먼 길 와서도
새벽에 들어와 곤히 잠든 아들

일 년 만에 들렸는데도
내일 아침 또 머나먼 근무지로
떠나야한다는 아들

글로벌 세상이란 이런 것이냐
손주들도 못 보고 산다는 게
이 애비는 달갑지가 않구나

어린 손자손녀 떠나는데

먼 길 떠나는 어린 손자손녀
마당까지 내려와
전송하네

아비 직장 따라 머나먼 독일에 가 살면서
겨울방학 맞아 다니러온 어린 손자손녀
이제 보내야할 시간이네

이제 가면 언제 오려나
이번처럼 5년 후가 되려나
귀여운 손자손녀 보고 싶어 어이하나

할아비는 두 남매 차례대로 안아 올려
귀여운 얼굴들에 뺨을 비벼주며
아쉬운 작별을 하고

할미는 힘겨워 안아 올리지도 못하고
차례대로 품에 꼭 안아주며
눈물 글썽이네

잘들 가거라 예쁜 새끼들
그곳에 가서 무럭무럭 자라고 공부 잘하고
전화라도 자주하거라

어미 마음

아내가
새벽부터
아들 짐을 꾸려주네

그 먼 길 독일에서 왔다가
단 하룻밤 어미집에서 자고
또 떠나야 하는 아들 안쓰러워하며
아들 짐을 꾸려주네

김치며 깍두기
된장 고추장 꾸릴 때는
며느리 얼굴 떠올리고

팽이랑 인형이랑
장난감 꾸릴 때는
손자 손녀 얼굴 떠올리고

글로벌 시대라 어쩔 수 없다지만
멀리 떨어져 사는 아들네 식구
하도 안쓰러워 한숨짓는 어미 마음

노르웨이산 고등어

드넓은 노르웨이 근해를
누비고 다니던
고등어

어쩌다 이 아침
아내 손에 들려 와
푸르른 등 보여주느냐

단골집 주인
아주 싱싱하다 하여
사들고 왔다는 노르웨이산 고등어

불현듯
멀고 먼 독일에 가서
긴 세월 살고 있는 아들 생각

자주 다닌다는 노르웨이 하늘 길에서
오늘도 저 고등어 등처럼 푸른 바다
내려다보고 있을까

도라지 향기

꼭두새벽
달그락거리는 소리에 잠깨어
마루로 나오니

며칠 후
독일에서 다니러 온다는 아들 편에 보낼
도라지를 다듬고 있는 아내

반년도 넘어서야 보게 된 아들 생각에
잠 못 드는 아내가 안쓰러워
마주앉아 일을 거들어주는데

아내가 얹어놓은
가스레인지 위 주전자에서는
도라지 잔뿌리가 김을 뿜으며 끓고 있어

우리 두 내외 꼭두새벽
때 아닌 도라지 향기에 파묻혀
아들네 식구 이야기꽃 피우고 있네

독일아들네 집 테라스에서

손자손녀가 무지개 떴다 소리치기에 나와 보니
선명한 무지개가 서남으로 반월곡선을 그리며
바로 손에 잡힐 것 같네

잠시 내린 소나기에 세수라도 한듯 펼쳐진
고풍스런 저택들과 둘러싼 나지막한 구릉들
그리고 하늘과 맞닿은 드넓은 들판

손자 손녀 가리키는 곳 바라보니
동화에서나 보아오던 알록달록 마을기차가
삑삑 예쁘게 소리 지르며 숲 속에서 나타나네

셋째 아들이
이곳으로 발령 받아 온 지 벌써 5년의 세월
어떻게들 사나 자나 깨나 걱정을 했더니만

큰맘 먹고 오늘 와보니 우리 아들네 식구들
저 드넓은 들판의 무지개처럼 아름다운 꿈꾸며
잘들 지내고 있는 걸 보니 이제야 마음 놓이네

포도농장과 라인강

라인강이 내려다보이는 곳에
그 포도농장은 자리 잡고 있었고

식당으로 들어가는 길에는
손님들 맛보라는 포도넝쿨 터널이 있어
우리 손자손녀도 제 부모 무등을 타고
포도송이를 따 서로 입에 넣어 주었네

라인강이 내려다보이는 식당 난간에는
아주 큰 노란 장미꽃송이들이 힘에 버거워
고개를 떨어트리고 있었으며

수백 년은 됨직한 고풍스런 옆 건물에서는
장미꽃송이를 가슴에 단 신랑과 신부가
만찬회장으로 걸어가고 있었네

여행객들과 하객들로 북적이는 그곳에서
라인강을 내려다보며 식사를 하는 내 눈 앞에는
문득 남한강이 내려다보이는 내 농막이 떠올랐네

괴테 생가生家에서

당신의 생가 앞에 서있는 당신의 동상을 뵙고
당신의 생가 안으로 들어가 당신의 살아생전 쓰시던
부엌이며 응접실, 집필실, 침상, 부모님 쓰시던 방
그리고 정원까지 모든 것을 둘러보았습니다

고교시절부터 〈베르테르의 슬픔〉에 젖어있던 내가
당신의 체취가 묻어있는 생가를 둘러보는 동안
마치 내 젊은 그 시절로 되돌아간 것 같이
가슴은 마구 뛰고 설레었습니다.

둘째 아들네집 느티나무

일 년에 한 번 7월
둘째 아들 생일이 돌아오면
꼭 가보는 아들네집

아들네집에 도착하면
언제나 반겨주는 어린 손자와
창밖의 느티나무 한 그루

볼 때마다
쑥쑥 자라나는 손자와
우쩍우쩍 자라는 느티나무

어쩐지 볼 때마다
아들네 행복을 지켜줄 것만 같은
7월의 저 푸르른 느티나무

금의환향錦衣還鄕

약속된 음식점 앞에서
매제는 우리를 기다리고 있었네

하도 반가워 두 손을 잡아주고
가슴으로 품어도 주었네

금의환향 한없이 기쁘지만
그동안 고생했을 생각하면 안쓰럽네

30대 젊어서 멀고먼 싸이판으로 떠나
이제 60대중반 나이 되어 돌아왔으니

두 남매도 훌륭히 키워 출가도 시켜
손주들도 셋이나 보고 있으니

우리 형제자매들 무슨 날 만날 때면
멀리 가 살고 있어 늘 빈 자리였건만

이젠 그럴 일 없어 너무나 기쁘네
축하하네 고맙네 동생 내외 금의환향

크리스마스이브

크리스마스이브
선물 받은 자그마한 케이크에
촛불 당기네

노래도 부르네 두 내외
어릴 적 부르던 크리스마스 노래
우물우물 넘기네

손뼉도 치네 두 내외
잊어버린 가사 부분도
손뼉 소리가 가려주네

예쁜 케이크 사다준
3층 원장 잘 되라고
마음 속으로 기도해 주네

내년에는 잘 되여
근심어린 얼굴 대신
웃음꽃 가득하기를 기원해 주네

거울 속 허연 눈썹

거울 속의 허연 눈썹
검은 눈썹보다 더 잘 자라
눈앞을 가리네

보면 욕심낸다고
못 보게 가려주어
도인이라도 되라는 건가

아직은 아니야 하며
가위로 자르려 해도
쉽지가 않네

그래서 스님들도
제 머리 못 깎는다 했구나
이발소에나 가 부탁해보자

그래야
욕심은 버리더라도
들꽃이라도 볼 수 있지 않겠나

새벽 커피 한 잔과의 사랑

겨울이 오면
날이면 날마다 새벽이면
커피 한 잔과 나누는 사랑

마루 의자로 나와 앉아
가슴과 뺨에도 입술에도
손등과 손바닥에도

요리조리 비벼가며 나누는
뜨겁고 따스하고 식어가는
커피 한 잔과의 세 가지 사랑

2부

손녀딸과 가야금

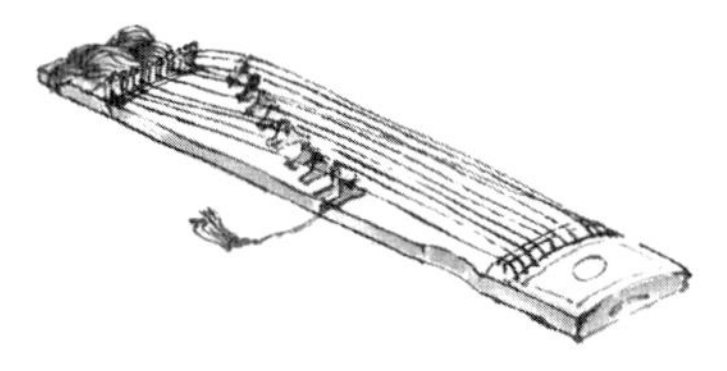

손녀딸과 가야금

어버이날이라고
온식구들 모여 저녁식사 하는데
손녀딸 가야금 타주네

다소곳이 앉아
가야금 타는 손녀딸의 손놀림
빠르기도 하네

아리랑 노랫가락 연주해 주네
진도아리랑 가락도 연주해 주네
꽃타령도 연주해 주네

어려서는 한 집에서 함께 살며
온갖 재롱 다 부려주더니
어느새 고교생이 된 손녀딸

오늘이 어버이날이라고
제 키만큼 큰 가야금
메고 와

조상님 얼 담긴 가야금 타주는 모습
가야나라 공주님이시네
신라나라 공주님이시네

봄이 나에게는

봄이 나에게는
기지개와 하품이나 주어
낮잠에나 들게 하고는

창밖의 화단에게는
따사로운 햇볕 쏟아 부어
그새 새싹 내밀게 했구나

내 작은 테라스 화단

오늘 아침
내 작은 테라스 화단
봄 잔치 벌였네

진자주 모란꽃 활짝 피고
하얀 철쭉꽃도 활짝 피고
함박꽃 연분홍몽우리 내 밀었네

겨우내 눈바람 속
둘이 푸른 화단 지켜주던
주목나무 사철나무 외롭지 않네

먼 길 이 잔치
어찌 알고 찾아 왔는가 저 손님
노랑나비 한 쌍

그 무슨 사연 있기에

조그만 흰구름 덩이
잠시 내려와
쉬어가듯

테라스 화단의 흰 철쭉꽃 더미
찾아왔다 가 버린지도
오래인데

웬일인가
푸르른 철쭉나무 위
저 하얀 꽃송이 하나

혹시나 잠시 쉬고 가는
흰나비 한 마리인가
나아가 손길 주니

철쭉꽃잎 건네주는
부드러운
숨결

철쭉꽃아
그 무슨 사연 남아있어
떠나지 못하고 있는 것이냐

늦게 돌아가
먼저 떠난 꽃송이들한테
알려줄 사연이라도 있는 것이냐

먼 곳만 생각하는 바보가 아니냐고

닷새 동안이나
내려가지 못한 농장 고추들 궁금해
농장쪽 하늘이라도 바라보려 창문을 여니

기다렸다는 듯
테라스 화단과 텃밭이며 화분의 고추들
차가운 시선으로 흘겨들 보네

또 농장만 걱정하느냐고
우리들에게는 관심도 주지 않느냐고
먼 곳만 생각하는 바보가 아니냐고

어쩌겠는가
저들 말이 백번 옳은 걸
얼른 테라스로 나가 돌봐주기 시작할 수밖에

서너 시간 걸려 물도 흠뻑 주고
쓰러진 건 세워주고 다듬어주고
상처받은 놈에게는 미안하다 달래주는 수밖에

아버지 사진 때문이라네

어찌하여 형제들 넷 모두
이 나라에서 오순도순 살지 너 혼자서만
먼 나라에 가서 사느냐 물으니

어렸을 때 본
아버지 사진 때문이라네
그래 외국으로만 돌아치며 살게 되었다네

이 애비를 원망하느냐 물으니
아니라고 손사래까지 치면서
꿈을 이뤘다하네

40여 년간 섬유수출 무역업을 하면서
이 나라 저 나라 다니면서 찍은 사진들이
셋째아들네 멀리 살게 했다니 자책하다가도

스스로 위로도 한다네
보고 싶은 손주들 일 년에 한 번 보면 됐지
글로벌 시대 그런 좋은 직장 아무나 하나 하고

테라스의 포도넝쿨

포도넝쿨아
그리도 소중하냐
십여 년 만에 열린 포도 몇 알이

나에게도 보여주지 않으려
그 넓은 잎새로
꽁꽁 숨기고 있으니

하기야 그럴 만도하지
도심 시멘트 위 척박한 흙에서
왜 아니 소중하겠냐

농막 앞 도랑가 다래넝쿨처럼
너 또한 열매는 못 열리는
수놈인 줄만 알고

한여름이면 그 무성한 그늘로
술항아리 식혀주는 걸로 족하던 나도
겹경사 난 것처럼이나 기뻤으니

포도넝쿨아 미안했구나
내 창밖이 허전하겠지만 명년 봄
아내 말대로 농장으로 옮겨줘야겠구나

소나기

누님 생일에
모처럼 만난 형제들
시간 가는 줄 모르고 이야기 나누다

아쉬운 작별 고하고
헤어지려 막 신발들 신으려 하는데
느닷없이 쏟아지는 소나기

누님! 소나기 어찌 내 맘 알까요
더 있다 가라네요
술 한 잔 더하고

담장 안의 살구나무

건물 마당 뒷길로 들어서자
살구나무에 매달려있는
노란 살구들

들고 가던 우산 높이 들어
낮은 가지 살구들 톡 톡 건드리니
바닥에 떨어지는 노란 살구 6개

집으로 돌아와
노란 살구들 말끔히 씻어
아내에게 건네주니

당신 준다고
큰아들이 남겨둔 살구
당신 손으로 땄군요

농장에만 빠져 지난 봄
서울집 담장 안 살구나무가
꽃 피우는 것도 몰랐다니

술 마신 카네이션

저 테라스 한 편에 놓여진
카네이션 꽃송이들 좀
보게나 친구야

어찌
저 자그마한 화분에서
저리 많은 꽃송이 피어냈을까

믿을 수 없겠지만
술을 마셔서
그렇다네

하도 자그마한 화분이라 그런지
꽃 한 송이씩만 달랑 삐쭉
내밀고는 하더니만

5년 묵은 매실주 거르고 난
찌꺼기를 주었더니만
저리도 여러 꽃송이 피어 난 걸세

그렇다고 자네에게
밥 대신 술 마시라는 건
아니라네

합장하는 꽃 한 송이

아담스러운
청자빛 항아리 화분 위
무성한 청록잎 줄기 한가운데

우뚝 홀로
고고히 솟아오른 꽃이여
하얀 꽃이여

그대 소원은 무엇이기에
그토록 절절이 두 손 모아
기도하는 건가요

알겠네요
내 마음과 똑 같군요
삼층 앞에서의 기도를 보니

소태처럼 쓰지만

어쩌겠는가
소태처럼 쓰지만
아내 생각해 씹어 삼켜주는 수밖엔

최선 다한 패배이니
깨끗이 승복하고 깨끗이 잊어주고
아픈 아내 마음 생각해 먹는 수밖엔

어제 아내가 농장에서
멧돼지가 밤새 내려와 뒤집어엎은
고구마 밭에서 따온 고구마줄기무침

이른 봄부터 밭갈이해 심어 기르느라
나일론 울타리, 철사 줄, 빨간 테이프
두꺼운 각목 등 몇 겹으로 둘렀건만

결과는 완전한 패배이니 어쩌겠는가
소태처럼 쓰지만 아내의 아픈 마음
웃으며 삼켜 위로해주는 수밖엔

오늘은 참 좋은 날

오늘은 참 좋은 날
이른 새벽부터 늦은 저녁까지
참 기분 좋았던 날

이른 새벽에는 집까지 찾아와
김장 배추 모종 사러 가는 우리 내외
함께 가준 동생 내외 고마웠고

농장에 도착 무 배추 심을 때는
어제 밤 흠뻑 내려준 비로
힘든 삽질 도와준 하늘이 고마웠고

일 끝내고 집에 돌아오니
영국에서 모처럼 출장 온 셋째아들
장어구이 준비해놓아

오랜만에 네 아들 함께 모두 모여
술잔 주거니 받거니 이야기 나누니
아들들 모두에게 고맙고

더 이상 무얼 바라나
온종일 고마움으로 행복했으니
오늘은 참 좋은 날

눈 앞의 정情과 먼 발치 정情

농장 수수는 하도 키가 커서
밭일하면서도 먼 발치에서
그저 먼 정만 느끼며 지내다

어쩌다 제 풀에 싹 터 자라는
저 창밖 테라스 텃밭의 다섯 그루 수수는
가까운 정 주네

하루에도 여러 번 내다보니
별별 재주며 별별 지혜까지
다 보여 준다네

몇 알 되지도 않을
수수이삭이지만 저 가는 허리로
어찌 저리 머리에 이고 견딜까

바람 불면 바람 따라
꺾어질 듯 휘어졌다 다시 서는
저 곡예는 어디서 나오는 힘일까

비가 오면 다섯 그루 서로 기대어
서로 격려하며 견뎌나가는 저 우애는
눈물겹도록 아름답구나

착한 거짓말

큰며느리가
묵직한 자루 하나를
시어미에게 건네주며

도토리예요
아범과 산에 갔다가
주워왔어요

깜짝 놀란 시어미
아니! 허리 수술한 지
며칠 되었다고 걱정하니

아니예요
한군데 하도 많이 떨어져
앉아서 긁어모았어요

착한 거짓말인 줄 알면서도
그제야 받아 큰 함지박에
쏟아붓는 시어미의 손길

노인과 알밤

농장에서 주워온 알밤들 보고
힘든데 왜 주워오느냐 묻기에

어린 시절 알밤들 낚시방울소리로
농막 뒤꼍에서 불러대니 어쩌냐

이젠 나이 들어 힘든 낚시 대신
쉴 때는 알밤이라도 주워야지

낡은 양은도시락 사연

이 두 낡은 양은도시락이
셋째아들과 막내아들
초등학교 다닐 때 쓰던 거라니요

아내가 준비해온 도시락
아침 겸 점심으로 들고 있을 때
느닷없는 아내의 말에 놀란 남편

농장으로 내려올 때마다
정성스레 싸오는 이 낡은 도시락
반백 년 멀지않은 나이나 들었다니

그렇다면 아내는
도시락 싸고 도시락 음식 들 때마다
두 아들 생각했을 텐데

허겁지겁 배만 채우던 남편
공연히 부끄러운 생각 들어
산 너머 하늘 쳐다보며 딴청 부리네

오히려 고맙다 해야지요

아내가 창밖 베란다에
껍질 벗겨 널어놓는
감 33개를 내다보며

도대체 500개나 열려주던 그 감나무
그 무슨 억하심으로 금년에는
달랑 33개뿐인가 제기랄!

이말 엿들었는지
눈 앞에 나타난 농장 연못가
그 우람한 감나무 지껄이는 말인즉

욕심도 많은 노인
다 당신을 위한 걸 왜 몰라요
오히려 고맙다 해야지요

사다리 옮길 힘도 없고
긴 장대로 33개 따는데도
큰 몸살 걸려 고생하고 있잖아요

왕벌 한 마리

어제 아침 창밖
테라스와 방충망 사이에서
벗어나려 애쓰던 왕벌 한 마리

놀라워라
오늘 아침까지
벗어나지 못하고 같은 길 헤매네

어제도
내 집 화단 꽃 손님으로 생각해
놓아주려 했지만

윙윙거리는 무서운 기세에 눌려
열려진 틈새로 벗어나겠지 했는데
여지까지 헤매고 있다니

그래 살려주자 쏠 힘이나 남았겠냐
문 열어주고 얼른 들어와 내다보니
가려던 꽃으로 날지 못하고 기어가네

애주가의 변辯

하루에 큰 잔으로 한 잔
소주잔으로 치자면 아홉 잔
그것도 저녁반주로만

그것도 내가 직접 담근 술로
그것도 내가 기르거나
농장 근처에서 캐거나 따온 걸로만

매실 산수유 모과 오갈피 복숭아
칡 황국 찔레열매 엉겅퀴 등등
열댓 가지

하지만 저녁 식탁에 오기 전
술항아리 앞에서면 선택권은
내가 아니라 내 몸뚱아리 중 한 곳

속이 쓰리면 속 푸는 술
감기 기운이 있으면 감기 푸는 술
술을 마시는 게 아니라 치료중이라네

요구르트

오늘 새벽엔
어느 시의 요정을 만나
내 노트에 담아볼까 눈감고 찾아 헤매다

눈을 뜨니
그새 아내가 갖다놓아 준
하얀 접시 위 요구르트

아내가 손수 만든
하얀 요구르트 위에 박힌
호두와 잣

나 대신 아내가 불러주었네
그 옛날 농장의 호두나무 추억을
잣 독차지하는 청설모도 데려오고

한파경보의 날

병원으로 갈 때 들여다보며
잘 있었느냐 인사 나눈
조그만 연못 속의 작은 물고기와 잉어들

집으로 돌아올 때도 들여다보며
한 달 후에 또 만나자
작별인사 나누네

두꺼운 잠바 입고도 이리 추운데
떨어지는 물조차 얼어붙어
고드름 된 이 연못 속에서

검고 작은 물고기들은 바닥에 웅크리고 있고
붉은 잉어 두 마리는 눈망울 굴리며
내 마음 들여다보네

조금만 더 참거라
이제 입춘도 보름밖엔 안 남았으니
그때 병원 가는 길에 다시 만나자

3일 못 보았다고 안달이 나서

3일 못 보았다고
이 꼭두새벽 잠 깨워 불러들인 건
바로 수정하다만 원고들이었구나

삼일 전에는 어머님 제삿날이었고
그저께는 내 생일이었고
어제는 막내처남 생일이었고

연이은 바쁜 행사에 지쳐
깊은 잠 속에 빠져 들만도 한데
잠깨기를 5번이나

결국 일어나 서재로 들어오니
내 두 눈을 사로잡는 책상 위의
수정하다만 3묶음의 원고들

알겠구나!
3일 못 보았다고 안달이 나서
잠 설치게 하여 끌어낸 게 너희들임을

천천히들 따라오지

아내의 친정동생들
서로 사는 게 뭐 그리들 바쁜지
거의 생일 때나 만나는데

오늘은
처제 생일이라
모두들 만나보니

나이 들수록
세월에 가속도 붙는다더니
그새 주름들 꽤나 늘었네

좀 천천히들 따라오지
늙는다는 게 뭐 그리 좋다고
이리 바짝 따라 오는가

도토리 4알

창밖에 내리는
눈송이 내다보며
농막에 내릴 눈송이 생각하다가

책상에 앉으니
눈길 끌어주는
도토리 4알

혹시나 이 도토리들도
제 고향 농막 그리워
나에게 안부 물어보는 건 아닐까

눈과 함께 왔구나 아들아

어제 밤
잠든 새 왔다는 아들
잠 깨어 마루로 나와 인사를 하네

반년 만에 보는 아들
반가워라 등 두드려주며
창밖을 내다보니

밤새 내려 쌓인 눈에 눈이 부시네
보고 싶던 아들아
눈과 함께 왔구나

고맙기도 한 셋째아들
멀고먼 나라에서 힘들여
어미 생일이라고 찾아오다니

가파른 논둑에서 냉이 캐더니

새해 들어
첫 번째 다녀온 농장에서
극성스레 냉이를 캐더니

한 살 더 들어 그만큼
힘 더 버거워진 걸 왜 모르고
가파른 논둑에서 냉이를 캐더니

다리가 쑤시고 허리도 아파
끙끙 앓으면서 밤새
깊은 잠에 들지 못하는 아내

아내여 그러게 고집 부리지 말고
이제부터는 내 말 좀 들어요
들과 밭에서 캐라 하지 않았소

창밖 테라스의 텃밭

어쩌면 저리도
심어주지도 않는데도
제 철 따라 싹들 내밀까

꽃샘추위 때는 달래
달래철 지나면 돌나물
돌나물철 지나면 참비름나물

해마다 봄이면
내 아내에게
기다림의 기쁨주고

해마다 봄이면
창밖 내다보는 나에게는
차례대로 입맛 돋아주는

저 신통방통
창밖 테라스의
자그마한 텃밭

종아리 주물러주며

한밤중
종아리 쥐가 나서 쩔쩔매며
두 손으로 주물러주며 달래주네

미안하다 종아리야
내 어제 또 잘못했구나
내 어제 또 너를 혹사시켰구나

고추밭 고랑 잡초가
지난 이틀간 내린 비로
그렇게 무섭게 뒤덮을 줄 몰랐단다

그 비가 바람까지 몰고 와
두 번이나 묶어준 고추줄까지 흔들어
고추들 쓰러트릴 줄 몰랐단다

그 두 가지 일만해도 힘들었는데
내일부터 장마 든다는 일기예보 생각나
또 매실 딸 욕심 생긴 게 화근이었구나

종아리야
이렇게 얼드려 두 손으로 주물러주니
이제 그만 노여움 풀고 잠 좀 자게 해다오

어쩌나 저 어린 모과나무 세 그루

아내가
테라스 창가에 놓아둔
돌나물화분에

그 촘촘한 틈새 뚫고
얼굴 내밀어 한 뼘이나 자란
저 여리고 여린 모과나무 세 그루

참 희한한 일도 다 있지
지난 가을 썰어 말릴 때 모과씨
어찌 저 화분으로 들어갔을까

어쩌나
살려고 얼굴 내민 저 모과나무들
나 몰라라 할 수도 없고

농장과 부모님 산소 주변에도
놈들 할아비 벌 모과나무들 많아
옮길 수도 없고

하는 수 없구나
내년 봄까지 보살펴 주고 나서
심을 사람 없나 찾아보는 수밖엔

아들들 생일이면

아들들 생일이면
아들들 사는 집에서 모이게
고집하는 건

한 아들네 식구는
멀고먼 외국에 가 살아
안 되지만

다른 세 아들네 집은
멀지않은 이웃에서들 살아
1년에 한 번은 가보고 싶기 때문

오늘은 둘째아들 생일 다들 모였네
축하노래 불러주는 사촌지간 막내들
어느새 초등하교 6학년 점잖아졌네

창밖 어리던 느티나무도
아파트 3층까지 우쩍 자라 올라
이젠 밑동만 보이네

형제우애 꽃피우는
세 아들네 식구들 웃음 속 두 내외
더 이상 바랄 게 없네

저 수수이삭들 좀 봐요!

저 수수이삭들 좀 봐요!
아내가 가리키는
5층 테라스 담을 올려다보니

5층 서재 창문으로만 내다보던
저 수수 다섯 그루가 이삭 흔들어
잘 다녀오라 인사를 하네

저절로 우쭐해지는 기분
시골농장에서는 먼발치에서 인사 받고
서울집에서는 5층 꼭대기에서 인사 받고

심어주지도 않았는데 무슨 인연으로
테라스 텃밭에서 태어났는지 모르겠으나
올 가을 수수처럼 예쁜 망사 씌워주마

이 어인 기적인가

물주어도 시들시들
흙 갈아주어도 시름시름
죽다 살다 반복하더니만

이 어인 기적인가! 이 아침
다른 화분 고추들 못잖은
붉은 왕 고추들 보여주다니

젊어서 고생 고생하다가
느지막이 가서야 꽃피운
그 친구 보듯 기쁘구나

두 번이나 절벽에서 떨어졌다가
엉금엉금 기어 나와 살아난
지난 날 날 보듯 대견하구나

귀뚜라미 소리

밤새
그 무더운 열대야에
잠 설치다가

꼭두새벽 일어나
서재로 건너와 창문을 여니
테라스 텃밭의 귀뚜라미 소리

설마 벌써 하며
책상 위 달력을 보니
어느새 칠일 후면 입추

밤새 열대야에 지친 몸
귀뚜라미 어이 알고 가을 소식
미리 전해 달래주나

테라스 조 이삭들과 참새들(1)

참새들아
그간 이삼 일은 참아주었지만
더 이상은 안 되겠다 그물망 씌워야하겠다

저 가까운 불암산이나 수락산 찾아가지
어찌 저 대견한 조 이삭들 탐내어
떼로 몰려와 쪼아대느냐

저 비좁고 척박한 텃밭에서
키질해버린 쭉정이에 숨었다가
한겨울 견뎌 싹터 자란 저 조들

여름내 내 맘 속 푸른 밀림 되 주었다가
이제 제 구실하려 탐스러운 이삭 내밀고 키워
다들 고개 숙여 인사까지 해주는 저 조들

하도 기특해 명년 봄 농장 씨앗 해주려는데
참새들아! 이 염치도 모르는 참새들아
더 이상은 안 되겠다 그물 씌워줘야겠다

테라스 조 이삭들과 참새들(2)

테라스 자그마한 텃밭
빽빽이 들어선 조 이삭들
두 가족으로 나누어 하늘색 망사 씌워주네

한 묶음은 동쪽 하늘 보게 해주고
다른 묶음은 남쪽 하늘 보게 해주고
푸른 허리띠로 빙 둘러 여며주네

이젠 걱정 없네
떼로 몰려와 쪼아대던 참새들
망사 속만 들여다보며 군침만 흘릴 거네

미안한 생각도 들지만 어쩌겠는가
이른 봄부터 창문으로 보여준 조들의 끈기
끝까지 이루도록 도와줘야 않겠나

테라스 조 이삭들과 참새들(3)

아내가 손가락을 입에 대고
조용하라는 시늉을 하며
창밖을 가리키네

내다보니 이런 세상에!
온동네 참새들 다모였는지
수십 마리가 담장에 앉아 지절거리네

지절거리는 게 꼭
저 방 안의 욕심쟁이 영감탱이라
빈정대는 소리로 들려

할 말 해주려 창문을 열어 재치니
다들 놀라 후다닥 날아 도망치네
다 익으면 나눠준단 말 듣기도 전에

왕대추토마토 한 그루야

왕대추토마토 한 그루야
무슨 재주로 이 텃밭에 들어와
싹틔워 잘도 자라나

이 한여름 이틀에 한 번 씩
아침 물 줄 때마다 주머니 불룩
왕대추 같은 붉은 토마토 넣어주느냐

오미자 세 그루 넝쿨과
오갈피 한 그루만으로도 가득 찬
이 동쪽 테라스 비좁은 텃밭 구석에서

왕대추토마토라고는
작년 봄 서쪽 창밖 테라스 텃밭에
아내가 한 그루 사다 심었을 뿐인데

혹시나 작년 여름 방학을 맞아
막둥이 손자들 다니러왔을 때
따준 걸 먹다 창밖으로 던졌다 해도

한 해 걸러 추운 겨울 어찌 보내고
이 봄 새싹 틔워 잘도 자라나
날 이리도 기쁘게 해준단 말이냐

아내 걸음 어찌 저리 빠를까

전철역에서 내려
집으로 걸어가는 길
앞서가는 아내 걸음 어찌 저리 빠를까

꼭두새벽 농장에 내려가
댓 시간이나 일하고 나서
맨 몸으로 가기도 힘든데

남편은 당뇨환자라
빈 배낭 메고 오게 하고
저 무거운 손수레 끌고 앞서가는 아내

먼 나라 영국에서 출장 온 아들이
집에서 기다린다는 전화 받고
저리도 앞서가는 아내

모성애 앞에서는
과로로 인한 피곤함도
맥을 못 추는구나

작은 비닐 고추집아!

서툰 솜씨로
처음 만들어주고 온
농장의 작은 비닐 고추집아!

고추들 잘 말리고 있겠지
어제 내린 소나기에 혹시라도
고추들 젖지는 않았겠지

8월 고추의 계절 돌아오면
서울집으로 다들 모아 놓고
말리고 쪼개고 또 말리느라

비구름 몰려오나 하늘만 쳐다보며
테라스와 옥상으로 힘겹게
오르락내리락 고생하는 아내

장난감 같은 작은 고추집아!
나이 들어 힘들어하는 아내의 수고
금년부터 반으로 줄여줄 수 있겠지

낙산사 산길 올려다보며

낙산사 주차장 기념품 가게에서
긴 구두주걱 하나 사주고 나서
낙산사 쪽 산길로 사라진 식구들

힘에 버거워 못 따라 오르고
주차장 차 속에 홀로 남아
식구들 올라간 산비탈 올려다보며

내려올 때가 되었는데
왜 안내려올까 왜 안내려올까
기다리는데

산길 속에
꼬마들 어른거리면 내 손주들인가
키 큰 젊은이 혼자 보이면 내 큰 손자인가

산길 속에
열세 명쯤 몰려 내려오면
내 식구들인가

한 시간을 기다려도 아니오니 후회가 되네
나보다 더 힘들 아내도 올라갔는데
나도 따라가 부처님께 절해 뵈올 걸

한 살 더 들었다고

제사 때나 차례 때나
조상님께 절해 올릴 때면
제 아비들 옆에서 키득거리며 장난들치고

절들 끝나면 제사상 위의 과자랑 사탕
먼저 집어가려 다투던 다섯 달 차이
동갑내기 두 손자

오늘은 웬일인가
절들 할 때고 절들 끝내고도
저리들 엄숙하고 진지한 표정이라니

한 살 더 들었다고 그새 철들어
소년이라도 되었는가
대견도 하고 서운하기도 하고

행복의 노래

어제 내려오는 여행길도
식구들과 행복했고

오늘 이곳 저곳 구경길도
식구들과 행복했고

이 저녁 한집에 모여
식사할 때도 행복하네

반백 년도 넘은 고생 끝에 이뤄준
아내를 위해 노래부르네

행복에 겨우면 눈물도 나오는가
행복한 노래에 섞여 눈물도 나오네

그 창문

떠나보낸 그 창문이 못 잊어
멀고먼 내 집까지 따라와
눈 앞에서 아른거리나

물결 주름잡으며 밀려오고
하얀 물보라 치며 노닐던
검푸른 동해바다 그 창문

그 창문 어이하여
내 유년시절 바라보던
청진 앞바다까지 데려왔나

현관문 앞의 낚시가방

그대로
그 자리에서
기다리거라

잔뜩 기대감에 부풀어
설레는 마음으로 찾아갔던
그 먼 길 동해바다에서

펼쳐보지도 못하고 돌아와
얼마나 서운하겠냐만
기다리거라

난들 날씨가 그리 얼어붙을 줄
높은 파도가 그리 심술부릴 줄
어찌 상상이나 했겠느냐

베란다 네 자리로 가기 전에
우리 다시 한 번 도전해 보자
그러니 기다리거라 그 자리에서

단잠

눈을 뜨니 여섯시 반
아직도 저녁인가
혼자 중얼거리는데

옆에서 아내가 들었는지
아침이에요
나도 단숨에 잤어요

아니 이럴 수가!
아내의 말을 듣고서야
아침인 걸 알다니

알만하구나
2박 3일 여행에서 돌아온 우리 내외
내 집이 반가워 단잠으로 이끌었구나

늦게나마 만난 나물무침들

2박 3일의
아내의 생일기념여행에다
연이은 동생 생일집 다녀오느라

만나지 못 했던
정월대보름날 나물무침들
늦게나마 오늘 점심때 만났네

아침부터
부지런한 아내의 도마소리 들리더니
점심식탁에 오른 나물무침들

아내인들 어찌
그냥 넘길 수 있겠는가
해마다 손수 심어 기른 나물들을

봄부터 농장 오가며
정월대보름날 식탁에 올리려
정성들여 캐서 찌고 말린 나물들을

정월대보름 달님(1)

아내의 생일을 맞아
바다에 떠오르는 정월대보름 달님 만나
한해의 안녕도 빌고

또 모처럼 가는 길에
갯바위 찾아
바다낚시도 해볼 겸

동해바닷가로
아들 며느리 손주들 다 데리고
2박 3일로 여행을 갔다가

잔뜩 낀 구름에 달님도 못 보고
높은 파도에 낚시도 못하고
허전한 마음으로 돌아와 보니

이리도 반가울 수가!
정월대보름 달님
집에서 기다려주고 계셨네

친구여 고맙네
어찌 내 마음 알고 이메일로
정월대보름 달님 보내주었나

정월대보름 달님(2)

친구가 보내준 이메일 속
정월대보름 달님
하도 고마워

그 달님
시詩속에 고이고이 넣어
다시 보내드렸더니만

시詩속의 그 달님
사이버 세계 밝은 하늘에 걸려
기울 줄 모르고

어렴풋한 계수나무 아래로
이 친구 저 친구
불러 주고 있네

까마득히 멀어져간
교복에 교모들 쓴 학창시절
그리운 그 얼굴들

남루 걸친 비둘기 한쌍

왜 저 한 마리일까
얼굴 더 창밖으로 내밀어
화단 쪽 내다보니

그러면 그렇지 혼자일 리 없지
누가 짝 없는 비둘기라 할까봐
주린 배 채우려 먹이 찾고 있구나

얼마나 공해에 찌들고 굶주렸으면
윤기 한 점 없이 남루해진
저 가여운 잿빛비둘기 한쌍

그래도 주어진 목숨은 질겨
두 내외 먹이 찾아 헤매는
가엾어라 저 비둘기 한쌍

봐요! 저 백자항아리 꽃들을

봐요!
저 백자항아리 가득 찬 꽃들을
당신 친정조카딸이 보내준 저 꽃들을

한 단계 나이 더 올라섰다고
어찌 그리 인생 다산 듯
허전한 표정 짓고 있나요

얼굴 주름은 늘었어도
당신은 저 백자항아리 꽃이지요
당신이 이루어놓은 꽃이지요

생일 앞서 며칠 전에는 2박 3일로
아들 며느리 손주들 다함께
동해안에도 다녀오고

어제도
형제들과 음식점에서 만나
즐거운 이야기도 나누고

오늘 당신 생일에는
또 한 번 자식들 생일 축하받느라
들락날락 바쁘고

지나온 세월 당신이 피워온 꽃은
바로 저 백자 항아리 가득 채운
바로 저 눈부시게 아름다운 꽃이라오

경칩날 새벽

새벽
눈 비비며 일어나
마루로 나와 티브이를 켜니

어럽쇼!
개구리 한 쌍
눈망울 굴리며 인사를 하네

오늘이
경칩날이라 잠에서 깨여
눈꺼풀 흙 털고 밭고랑 나왔으니

걱정 말고
농장에 내려와
삽질하라고

바퀴벌레

이 새벽
서재로 들어와
책상 위 전등을 켜니

떡하니 앉아있던
바퀴벌레 한 마리 놀라
쏜살같이 도망쳐

한 옆 쌓아 놓은
시집들 속으로 숨어들어
목숨을 구했네

못난 놈! 도대체
이 서재에 먹을 거라고는
먼지밖에 없는데

설마
네놈처럼 흉물스러운 놈이
전생에 시인이었을 리는 없고

테라스의 주목나무

테라스의 주목나무
머리 깎아 주며
이야기 나누네

주목나무야
살아서 천 년 죽어서도
천 년 산다는 주목나무야

어찌하여
저 설악산 능선에 태어나지
이 척박한 5층에 옮겨 왔더냐

스무 해가 넘었건만 아직도
내 허리 키밖엔 안 되고
까칠한 네 모습 안쓰럽구나

아프지만 참아라
전지가위로 잘라주는
내 마음은 편한 줄 아느냐

다 운명인 것을
아프지만 참아야
그나마 그게 사는 길이니

고추무당(1)

고추밭 고랑 풀들 뽑아가면서
뜨문뜨문 눈에 보이는 대로
붉은 고추들 따 모아 아내에게 보여주니

고추가 벌써 익었냐며
반가워해야할 아내 반가워하기는커녕
달갑지 않은 표정

왜 안 그러겠나
고추 따는 대로 서울집으로 옮겨가
또 달 반이나 고추무당 되어

햇볕 내려주소서 빌며
테라스와 옥상으로 오르락내리락
비올 낌새 보이면 베란다와 마루로 들락날락

고추무당도 젊어서나 하지
이젠 아내도 나이 많이 들어 힘들어하니
내년부터는 고추무당직 그만두게 하려네

고추무당(2)

점심식사 중
갑작스레 쏟아지는
소낙비 소리에 놀란 아내

말릴 새도 없이
테라스로 뛰어나가
널어놓은 고추 들여오는데

그새 흠뻑 젖은
아내의 머리와 얼굴 보고
비 다 맞았다 걱정해 주니

남편 마음
알아주기는커녕
고추 걱정해 주는 줄 알고

괜찮다고
마른수건으로 젖은 고추
씻어주면 된다고

하 이거야
고추 계절 오니 내 아내 또
고추에 정신 뺏긴 고추무당 되었네

로봇청소기(1)

고단해 늦잠 자는 아내
모처럼 도와줘야겠단
맘 들어

이 이른 아침
꼬맹이 앞으로가
청소 좀 하거라 전원 켜주니

청소 시작합니다 말해주고
뱅글뱅글 돌아가며
청소 시작하네

마루 구석구석이며
식탁 의자 밑으로
손 못 닿는 서재 침대 밑까지

떡하니 안마의자에 앉아
커피 한잔 들며 티브이 보다
깜빡 잠들었더니만

청소 끝냈습니다 큰소리로
잠까지 깨워주니
기특하기도 하지

두 내외 사는 집에
듣기 어려운 귀한 목소리 들리니
사람 사는 집 되었네

로봇청소기(2)

꼬맹아
청소 다하고 나니 배고팠구나
제 자리 들어가 전기 밥 먹고 있으니

왜 안 그러겠느냐
적잖은 이 마루며 식탁 밑이며
요리조리 다니며 다 청소를 마쳤으니

참 기특도 하지만 똑똑도 하지
하기야 네 사촌 벌 되는 알파고는
이 세상 바둑 왕도 물리쳤으니

그런데 꼬맹아
앞으로는 너희들과 우리네 인간들
함께 살아가는 세상이 온다는데

하지만 꿈도 꾸지 말거라
행여 앞으로 너희들이
인간에게 청소 부려먹을 생각일랑은

3부

내리사랑

아범들도 아비 따라 낚시꾼들 되더니
7살 된 손자도 제 아비 따라
꼬마낚시도사 되었네

털장갑

농장으로 가는 환승역에서
잃어버린 털장갑 한 짝

한 짝만 주머니에 남아있는 걸 안 건
이미 환승한 전철이 출발한 후

자꾸만 눈앞에 떠오르는
손자의 얼굴

난생 처음으로 아르바이트를 해서
난생 처음으로 돈 몇 푼 벌었다고
사준 소중한 선물인데

달리는 전철 창밖을 내다보며
농장에 이르기까지 궁리한 결론은
비슷한 걸로라도 꼭 사야 하겠다는 것

기쁜 소식

얼어붙은 강추위
풀린다는 소식에
창밖을 내다보는데

이웃사촌 까치 한 마리
쌓인 눈 위에 앉으려다
깍깍 울며 그냥 날아가더니

현관문 열리는 소리와 함께
날아드는 기쁜 소식
큰 손녀딸 합격소식

고맙기도 하지 까치야
이웃사촌 노릇하느라
기쁜 소식 미리 알려주다니

손녀딸과 아리(1)

10살 된 손녀딸이 왔네
아리를 안고 할머니 집에 왔네
아리는 손녀딸이 지어준 병아리 이름이라네

손녀딸은 더 이상 아리를 기를 수 없다네
학교 앞에서 사다 기른 병아리 우쩍 자라
붉은 볏 달린 수탉 되어 울기 시작 했다네

울기 시작하니 아파트 이웃에서는
새벽부터 울어대는 수탉소리에
곤한 잠 깼다고 찾아와 야단들이라네

눈물방울 보이며 하는 손녀딸 말 듣고
할미는 아리를 맡아 길러줄 터이니
자주 와서 보살펴 주라며

손녀딸이 안고 온 수탉을 받아 안고
빈 상자로 아리의 임시 집을 짓고
오늘부터 아리와 한식구로 살기로 했네

할아비 또한 좋아 껄껄 웃는 건
손자 놈도 제 누나 따라 자주 올 것이고
닭 우는 소리도 들을 수 있기 때문이네

손녀딸과 아리(2)

아리가 꼬꼬댁하고 새벽을 알리네
잠자고 있던 손녀딸 눈비비고 일어나네
개구쟁이 손자놈도 눈비비고 일어나네
늦잠만 자던 할미도 눈비비고 일어나네

손녀딸 아리와 헤어지기 싫어 자고 간다 하여
손자놈도 덩달아 할미집에서 잠을 잔 것이네
손주들과 함께 잠을 잔 할미 할아비 행복하네
아리가 얼마나 고마운지 모르겠네

손녀딸과 아리(3)

이거 참 큰일 났네
할미 할아비 잠 못 자네
손녀딸 손자놈 자주 보려 데려온 수탉
시간도 못 맞추고 한밤중에도 울어대네

잠만 못 자게 하는 게 아니라
화단과 텃밭 다 파헤쳐
남아나는 게 없네

더 이상 견딜 수 없어 손녀딸에게
아리를 시골로 보내주자고 했네
공기도 좋고 친구들도 많아
울지도 않을 거라고 말해 허락을 받았네

오늘은 일요일
손녀딸과 아리 데리고 할미와 시골로 가네
아리 친구들 있는 할아비 친구집으로 가네
꼬꼬들 집에 아리 들여놓고 돌아가야 하네

손녀딸 오늘 안심하고 아리와 작별하면
여름방학도 끝나 학교에 다녀야하네
이제 다시 아리를 만나기는 어려울 테지만
먼 훗날까지 맘 속에서 삐악삐악거릴 걸세

할미와 손녀딸의 전화

전화 속 목소리는
거리가 멀면 멀수록
반가움을 더 크게 해주는가

가까운 의정부 집에서 걸어온
손녀딸 전화 받는 할미 얼굴은
반쯤 핀 함박꽃 웃음이더니

오늘 제주도 피서 가서 걸어온
손녀딸 전화 받는 할미 얼굴은
활짝 핀 함박꽃 웃음이니

커플반지

9살 난 손녀딸이 할아비에게 주고 간
생일선물 봉투를 조심스레 뜯어봅니다
선물 봉투는 손녀딸의 손바닥만 했고
빨간 색종이를 예쁘게 오려 만들었으며
그 속에는 무슨 보석이라도 넣었는지
투명테이프로 덕지덕지 붙였습니다

그래 가위로 조심조심 뜯어보니
또 그 속에서는 남색색종이가 나왔고
그 속에는 예쁜 커플반지 한 쌍과
손녀딸이 써넣은 편지가 나왔습니다
편지에는〈할아버지 생신 축하드려요
제가 만든 할아버지 할머니 반지예요〉

할머니 반지에는 핑크빛 나팔꽃 두 개에
자주색 소라가 반지 끈에 달려있고
할아비 반지에는 하늘색 나팔꽃 두 개에
하늘색 소라가 반지 끈에 달려있습니다
우리 내외 눈부신 반지 서로 끼워주면서
행복한 함박웃음 다물 줄 모릅니다

별을 열어보니

독일 뮌헨에서
손녀딸 편지를 보냈네

할아비 앞으로 봉투 하나
할미 앞으로 봉투 하나

두 봉투 모두 반짝이는 별로
봉인을 했네

별을 열어보니 그 속에는
알록달록 색깔의 행복이 있었네

보고 싶어요 사랑해요 놀러 와요
할미 할아비 하고픈 말 다 있었네

꼬마 애국자

멀고먼 독일에 가서 살면서
처음 초등학교 입학 하던 날
다들 낯선 외국 어린이들인 걸 보고

아빠엄마 붙잡고 울면서
학교 안 다닌다고 떼를 쓰던 손자
이젠 어엿한 애국자가 되었다네

초등학교 3학년 되니
친구들과 어울리는데 막힘이 없고
태극기 문양의 태권도 도복만 즐겨 입고

요즈음엔
강남스타일 말춤과 노래로
또래들에게 한글자랑 꽤나 한다네

키가 1미터 38센티미터

할미 할아비집에서
멀지않은 곳에 사는 손자 셋은
자주 다니러 와서

얼굴이 동그랗게 커가는지
키가 얼마나 커가는지
알 수 있지만

멀고먼 독일 가서 살고 있는 손자는
만나본 지가 하도 오래되어
어릴 적 뒤뚱대며 걷던 모습만 아른대고

다만 알 수 있는 건
전화 걸 때 물어보아 요즘 키가
1미터 38센티미터라는 것 뿐

할아비와 해바라기

손자 놈 심고 간 해바라기
창가로 옮겼네

방 안에 앉아서도 볼 수 있게
창가로 옮겼네

손자놈 얼굴 보듯 하려고
창가로 옮겼네

하지만 해바라기 얼굴은
손자놈 집 쪽만 바라보네

얼음낚시 소식

일곱 살 된 손자 놈
아범 따라 얼음낚시 다녀와서
하는 말

열 번이나 찌가 움직여
열 번이나 확 낚아챘는데
열 마리 다 놓쳤다고

요놈도 벌써부터
제 애비 어릴 적 따라다닐 때처럼
허풍떨기 시작 하는 군

딱지 치는 소리

막내 손자놈
감기에 걸렸다기에 전화 걸어
뭘 하고 노느냐 물었더니

엄마가 밖에 못나가게 해서
집에서 혼자 딱지치기 한다며
잔기침을 하기에

무슨 딱진데 하며 말을 이어주니
이거 새로 나온 딱진데요
이 딱지 치는 소리 들어 보세요

계속 전화기에 대고 딱지를 치느라
기합소리는 요란한데
딱지소리는 들리지 않지만

놈의 기를 올려주려고
이놈아 딱지 치는 소리 하도 커서
할아비 귀청 떨어지겠구나!

꿈땜

포도 송이 소복하게 담긴
예쁜 쟁반 받는 꿈을
꾸고 나서

아내에게
꿈 이야기를
들려주니

손주들 오늘부터 방학이니
몰려들 오겠군요
하는

아내의 말 끝나기도 전에
현관문 열고 들어와
품 안에 안겨드는 손주들

이거야! 원!
갑자기 꿈 도사라도 되었나 하고
쳐다봐지는 아내의 얼굴

차렷 경례

동갑내기 4촌 지간 6살 먹은 두 손자
집에 오기만 하면

할아비 두 손자 앞에 세우고
차렷! 경례! 훈련시키네

할아비 차렷! 소리치면
군인이라도 된 것처럼
두 놈 다 부동자세로 앞에서긴 하지만

할아비 또 경례! 소리치면
한 놈은 할아비 따라 잘못 왼손 올리고
또 한 놈은 아예 두 손 다 올려

서너 번 군밤 맞아야
제대로 마무리하니
놈들 경례는 언제나 제대로 할까

엉터리 장기판

모처럼 다니러온
6살 먹은 손자 녀석과
장기를 두는데

할아비는 장기 둬본 지 하도 오래되어
대졸을 왕 좌우에 잘못 놓으니
손자 녀석 낄낄대며 정위치 잡아주고

다 배웠다고 큰소리치던 손자 녀석도
코끼리와 말 가는 길도 몰라
할아비가 길 가리켜 주면서

결국 막판에
할아비가 양차 외통수로
이기고 나니

할아비는 이겼다고 껄껄대고
손자 녀석은 한 수 물러달라고 졸라대고
할아비도 영락없는 어린아이

빼빼로 선물

스무 살이나 된
다 큰 손녀딸이 건네주는
빼빼로 선물

할미가 뜯어보니
젓가락 같은
막대과자들

빼빼마른 과자를
입에 넣어 씹으며
할미가 하는 말

선물을 주려면
따끈따끈한 팥빵이나
통통한 과자를 줄 것이지

마음의 선물이란 걸 알면서도
모른 척하는 할미가
그래도 마냥 좋아

어린 아가처럼
어리광부리는
다 큰 대학생손녀딸

팽이

일곱 살 된
사촌지간 손자 둘이서
팽이 돌리네

잠긴 줄을 둘이서 동시에
힘껏 풀어 방바닥에 던지면
두 개의 팽이는 힘차게 돌아가네

두 손자 번갈아 자기 팽이를
상대 팽이에 부닥쳐
싸움을 돋구네

이긴 팽이는 기고만장 계속 돌고
진 팽이는 진 손자놈처럼
고개 떨구네

동심으로 돌아간 할아비도
귀여운 손자들과 노느라
팽팽 도는 팽이처럼 정신이 없네

4부

시가 나를 멀리한다면

시가 나를 멀리한다면

시가 나를 멀리한다면
이른 봄부터 밭 갈고 씨 뿌려
가을걷이 할 때까지의 나날들을
누구와 속마음 주고받을까

시가 나를 멀리한다면
가을걷이 끝나고 새봄 올 때까지
길고긴 겨울 나날의 허전함을
어디다 하소연하고 지낼까

시가 나를 멀리한다면
꼭두새벽이면 빠짐없이 뒤엉켜
지지고 볶고 설레던 그 자리를
무엇으로 채울 수 있을까

시에게 빼앗긴 마음

도대체 무슨 이유로
하루도 거르지 않고
시를 쓰느냐 묻기에

하루에 아침 세수 안 하면 온종일 꺼림직하고
하루 세끼 중 한 끼라도 안 먹으면 배고프고
저녁에 술 한 잔 없으면 맨송맨송 하듯이

하루도 시를 안 만나면 그와 마찬가지인 걸
난들 어쩌면 좋으냐고
오히려 되물었더니만

이 친구 혀를 끌끌 차면서
시인詩人 글자대로 시는 주인 되어 앞서고
자네는 시詩뒤만 졸졸 따라 다니는구먼!

못난이 시인

저 못난이 시인은

새가 울면 울게 그냥 놔두지
꽃이 피면 피도록 그냥 놔두지
구름이 흘러가면 흘러가게 그냥 놔두지

바람처럼 강물처럼 인생처럼
그냥 스쳐가고 흘러가게
그냥 놔두지

왜 애를 써 가두어두나
애쓰고 가두어 놓아 보았자
모두 자기 닮아 못난이로 되는 것을

행주좌와行住座臥

어느 스님은 면벽수행으로
어느 스님은 행주좌와 수행으로
높은 도道의 경지에 오른다기에

궁리 끝에
행주좌와 수행으로
시를 찾아보려고 작심을 하고

길을 걸을 때나
집에 머무를 때나
앉아 있을 때나 누워 있을 때나
그렇게 시만 생각하다가 그만

시를 향한 집착에 빠져
시는커녕 시의 그림자조차
찾지 못하네

어이하나! 멍청이 시인
스님들처럼 마음 비울 줄 몰라
더 멀리 안개 속으로 숨어버렸으니

두 얼굴 말고 한 얼굴로

그 오랜 세월
그대는 두 얼굴

만날 때는
두근두근 가슴 설레주고
두둥실 구름까지 태워주지만

헤어지고 나서 뒤돌아보면
남아있는 건 오직
좌절의 일그러진 얼굴

그대여 그 언제나
두 얼굴 말고 한 얼굴 주려나

시도 함께 나이 들어가니

시도 함께 나이 들어가니
정이 깊어 가는지
내 곁을 떠날 줄 모르네

처음에는 보고 싶어
만나려 애를 써도
안개 속 몸 감추고 애를 태우더니

이제는 오히려
내가 좀 쉬려 쫓으려 해도
마음 속 다 차지하고 떠날 줄 모르네

시도 내 아내처럼
함께 나이 들어가니
미운 정 고운 정 다 들었나보네

시는 해맑은 얼굴로

내가 푸른 하늘을 바라보면
시는 흰 구름 띄워
구름 이야기 들려주오

내가 푸른 바닷가에서면
시는 파도를 몰고 와
바다 이야기 들려주오

내가 산 속에 들어가면
시는 숲의 요정들 불러와
숲속 비밀 들려주오

내가 어두운 삶에 빠지면
시는 해맑은 얼굴로 비추며
따스한 손으로 잡아주오

시는 그리움을 사랑하는가 봅니다

돌아가신 어머님을 그리워 할 때면 시는
어머님의 다정한 미소와 함께
찾아옵니다

멀리 떨어진 손주들 그리울 때면 시는
보고 싶은 동그란 얼굴들 데리고
찾아옵니다

어린 시절 골목친구들 그리울 때면 시는
개구쟁이 목소리까지 데리고
찾아옵니다

시는 어쩌면
그리움으로 태어났다 그리움으로 사라지는
무지개인지도 모르겠습니다

시를 왜 쓰냐고 묻기에

주는 것 없는 시를 왜 쓰냐고 묻기에
나는 대답했네 아주 퉁명스럽게

시는 나의 숨구멍을
맑은 바람으로 뚫어준다네

시는 나의 심장을
맑은 피로 뛰게 해 준다네

시는 나의 행복의 샘터
나만의 행복을 퐁퐁 솟구쳐준다네

시는 나의 불변의 연인
맑은 사랑으로 기쁨을 준다네

받기만하고 주는 건 하나도 없는데
그런 말 다시는 꺼내지 마시오

설렘만 주고 가는 무지개

시詩여
그대는 설렘만 주고 가는
무지개입니까

하루도
설레는 마음으로
만나지 않은 날 없는데

만나면 그대 고운 모습
그리고 또 그리고
온갖 정성 다 들이는데

그대 떠나간 후
그대 모습 들여다보면
설레던 모습 온데 간데 없으니

시詩여 그대는 정녕코
설렘만 주고 가는
무지개입니까

독백獨白

저 화가는 바닷가에 살면서
시시각각으로 변하는 바다를
화폭에 담고 또 담는다는데

나는 고작
손바닥만 한 농장 오가며
바다처럼 넓은 시를 꿈꾸다니!

하지만 어쩌나 마냥 행복한 걸
밭 한 두럭에도 우주가 있다 하니
이대로 계속 파보는 수밖에

5부

행복샘터

행복샘터

누가 뭐라 해도
자그마한 농장은
우리 두 내외의 행복샘터랍니다

봄이면
과수들 가지치기로 시작해서
온갖 꽃들의 호사 받으며
밭 갈고 씨 뿌리지요

여름과 늦가을까지는
땀 흘려 일하고 수확하는 재미로
세상사 눈길 줄 새 없지요

찾으려 방황하지 않아도
사랑하는 시의 요정은 아내와 함께
항상 내 곁에서 머물러주지요

나이 들어
힘들 텐데

왜 사서 고생 하느냐고요?

세상사 걱정 속에 살다 벗어나
이제야 찾은 행복의 샘터인데
고생이라니요!

봄은 아직 멀었건만

봄은 아직 멀었건만
저 불암산 떠오르는 해를 보니
가슴 설레네

저 불암산 너머 내 조그만 농장도
떠오르는 붉은 해무리보며
나처럼 봄을 기다리고 있을까

자두나무 앞밭들
우리 내외 내려와 밭 갈고
씨 뿌려주는 꿈이라도 꾸고 있을까

매실나무 복사나무들도 겨울잠 뒤척이며
가지치기 해주려 오솔길 오를
우리 내외 기다리는 건 아닐까

막상 봄이 와 바쁘게 되면
힘에 버거워 짜증도 나곤 할 텐데
무슨 정 이리 깊어 가슴까지 설레나

농장으로 가는 나의 배낭에는

농장으로 가는
나의 배낭
양쪽주머니에는

언제나 조그마한
따끈한 커피 한 병과
담근 매실주 한 병이 들어있지요

따끈한 커피는
새벽 전철 안에서 아내와
산과 강을 내다보면서 마시고

매실주는 땀흘려 일하고 난 후
매실나무 그늘에서 아내와 마실
두어 잔의 술이지요

내가 짊어지고 가는 배낭에
커피와 매실주가 없다면 그건
농장으로 가는 길이 아니랍니다

봄 기지개

3월 달력으로 제치는 순간
나도 모르게
봄기운 스며들었나

하품과 함께
늘어져라 봄 기지개
펴고 있으니

농막 앞 강낭콩 밭에서
삽질 두려워 눈꺼풀 흙 터는
개구리 눈망울도 떠오르니

봄이 오는 소리

그저께
농막에 도착 했을 때는
지붕 위 쌓인 눈 녹아내리는 낙숫물이
봄이 오는 소리 들려주더니

오늘
농막을 떠날 때는
산자락 쌓인 낙엽들 잠 깨우는 빗줄기가
봄이 오는 소리 들려주네

꽃샘추위(1)

기왕에 가야할 길
꽃피기 전에
훌쩍 떠나버리지

미적대는 네 차가운 발걸음에
피어나려던 목련 입술
다시 꾹 다물었구나

꽃샘추위(2)

꽃샘추위야 모두들 네가
꽃피는 게 샘이 나서

칼바람 차가운 입김으로
못된 심술부린다는데

설마하니 너도 꽃을 사랑해
보고 가려 떼쓰는 건 아니겠지

꽃샘추위(3)

가지치기라도 해주려고 떠나려면
때 아닌 영하의 추위로 발목잡고

고춧대라도 뽑아주려 떠나려면
어느새 눈발 몰고 와 발목잡고

강낭콩 밭이라도 갈까 떠나려면
어느새 세찬 강풍으로 발목잡고

이거야 원 참!
꽃샘추위 손아귀에서 벗어나지 못하고
어느새 3월 중순 다 지나고 있네

봄의 활기

꽃샘추위에 발목 잡혔다가
오늘에야 처음으로
농장에 내려온 아내

뭐가 저리도 마음 급한지
메고 온 배낭 농막에
내던지다시피 하고

이 밭 저 밭
이 나무 저 나무
둘러보고 뛰어오더니

바구니에 호미 챙겨들고
냉이 캐러가요! 소리치며
연못가 양지바른 밭으로 뛰어가네

겨우내
이 걱정 저 걱정 어둡기만 하더니
웬일인가! 오늘 저 활기찬 모습은

봄 인사

전철역에서는
겨우내 못 보던
농막 앞 논임자 장씨 만나 인사 나누고

마을 입구에서는
밭에다 비료 옮기는
전 이장 내외 만나 인사 나누고

농막으로 접어드는 마늘밭에서는
잔설 덮인 볏짚 속 마늘 싹 들여다보던
마을 회장 만나 인사 나누고

농막 마당에 이르자 배낭 멘 채로
잘 있었느냐 농막아!
농막 만나 큰소리로 인사 나누네

암반 속의 지하수

겨우내
쉬고 있던
암반 속의 지하수

한겨울 강추위에
얼지나 않았을까 걱정하며
전원을 켜주니

부우웅 부우웅
한참을 잠에서 깨어나느라
애를 쓰더니

드디어
뿜어 오르네
굵은 물줄기로 콸콸 솟구치며

어서 밭갈이나 시작하라네
이웃들은 벌써 감자밭 다 갈았는데
왜 이리 늦었냐고

소낙비 따라온 꾀꼬리

꾀꼬리가 우네
저 방금 도착했다고 뒷산에서
첫인사 보내네

때 아닌
봄 소낙비 흠뻑 맞으며
장터에서 사들고 온
고구마 모종 심는 이 아침

겨우내 어데 가 지내다
소낙비 따라왔나
꾀꼬리가 우네

두 꽃나무 다툼에 덩달아

활짝 핀 꽃들
서로 다투고 있네

하얀 큰 꽃구름덩이
머리에 이고 있는 목련나무들
건너편 매실나무들 내려다보며
왜 그리 꼬맹이꽃송이냐 놀려대고

연분홍 작은 꽃구름덩이
머리에 이고 있는 매실나무들은
건너편 목련나무들 올려다보고
꽃송이만 크면 제일이냐 빈정거리고

두 꽃나무 다툼에 덩달아
편 갈라진 우리 두 내외
난 목련꽃이 더 예뻐요!
아냐! 난 매실 꽃! 술을 주니까!

복사꽃구름

차 시간 되어
배낭 메고 나오는 길에
복사나무 밑으로 얼른 가서
주머니에 따 넣고 온 복사 한 개

버스로 전철로 집으로 오는 동안
주머니 속 복사 만지작거리며
복사꽃구름 위에 탄 꿈
두 번이나 꾸었다네

꽃송이들 재롱에 홀려

고추밭
서너 이랑
일구러 내려와서

과수원
꽃송이들 재롱에
홀려

겨우
한 이랑 뒤집고도
차 시간 놓칠 뻔했네

꽃피워주고 떠나버린 복사꽃 요정

나는 보았네
꽃피워주고 떠나버린 복사꽃 요정을

아침에는
분명 밝으레한 꽃 몽우리들만
꽃샘추위에 오들오들 떨고 있었는데

햇볕이 좀 따스해졌을 때
웬 하얀 작은 나비 한 마리
가지 위에 앉아있었네

하던 밭갈이 멈추고 얼른 가보니
나비날개처럼 활짝 핀
연분홍 복사꽃 한 송이

손가락으로 살짝 건드려보려는 순간
놀래라! 여기저기 가지에서
꽃망울들 한꺼번에 터졌네

제일 먼저 핀 복사꽃 한 송이
아무리 눈 굴려도 찾을 수 없네
꽃피워주고 떠나버린 복사꽃 요정이었네

봄바람

나 혼자만
철 이른 봄바람에 끌려
나무시장 찾은 줄 알았더니

나무시장 거리는
봄바람에 취한 인파로
발걸음 내딛기도 어려웠네

얼떨결에
오미자 구기자 묘목 한 다발씩
사들고 전철을 타고 오는데

차내 사람들도 봄바람이 났는지
무슨 꽃나무냐고들 물어보기에
오미자와 구기자라고 했더니

듣고 있던 어느 노인도 하는 말인즉
〈여자 이름만 좋아 하네요 둘씩이나〉
허니 이 노인도 봄바람 난 게 아닌가

제 차례

감자 심을 때 되어
감자밭 갈다 바라보면
산수유 제 차례 알고 꽃망울 터치고

강낭콩 심을 때 되어
강낭콩 밭 갈다 바라보면
목련꽃 제 차례 알고 꽃망울 터치고

산자락 진달래꽃
언제나 꽃망울 터칠까 바라보니
어서 고추밭이나 갈라 재촉하네

휘파람

감자밭 일구다
새소리 듣고
올려다보니

논뚝 목련나무 꼭대기에서
새가 울고 있네
혼자서 울고 있네

삐삐하고 계속 울기에
나도 휘파람으로
삐삐하고 말을 건내네

새야 이름 모를 새야
왜 울고 있느냐
휘파람으로 물어보네

몇 마디 말을 건넬 때
뒷산에서 새 한 마리 날아오고
울던 새는 하늘로 솟구쳐 반기네

짝을 불렀구나
그제야 알아차리고
하던 감자밭갈이 또 계속하네

꽃잎지네

꽃잎지네
흐드러지게 피었던
꽃잎들 지네

바람은
꽃잎들 나르느라
야단법석이고

햇살은
마무리되는 꽃방석
요리조리 비추어주네

까치 한 쌍도
눈부시다고 높은 가지 위에서
깍깍 호들갑 떠네

벌들의 질투

목련꽃들은 하얀 미소로
저들만 보며 이야기 나누자고
성화를 하고

매실꽃들은 연분홍 미소로
저들만 보고 노래 부르자고
심술부리고

진달래꽃들은 붉은 입술로
저들하구만 입맞춤 하자고
투정부리고

지켜보던 벌들 질투 끓어올라
왱왱거리며 덤벼들면서
하던 밭일이나 가서 하라네

꽃구경시켜주고 날아간 이름 모를 산새

밭 일구다
잠시 쉬고 있을 때
꽂아놓은 삽자루 손잡이에

웬 노란 가슴의
작은 새 한 마리 날아와 앉아
엎어질 듯 깝죽거리며
몇 번 목청 뽑더니

하늘로 치솟아
건너편으로 날아가기에
눈길로 따라 가보니

매실꽃들 흐드러지게 피었네
진달래꽃들도 어느새 만발했네
도랑가 목련꽃들도 반쯤 피었네

아하! 기특한 고놈!
일만 하지 말고
꽃구경 좀 하라 불러주었구나

헷갈리네

수수밭 일구는데
허리춤에서 뻐꾸기 우네
휴대폰 열고〈여보세요〉하니 먹통이고
옆 산에서 뻐꾸기 우네
헷갈리네

휴대폰 자두나무 밑에 풀러놓고
수수밭갈이 마무리 질 때
또 뻐꾸기 울기 시작하는데
옆 산 뻐꾸기인지 휴대폰 뻐꾸기인지
또 헷갈리네

장미꽃 부부

농막 어귀에 이르면
오른편 길가로 펼쳐지는
붉은 장미꽃 울타리

긴 장미꽃 울타리 끼고 걸으면
장미꽃 사이로 인사 보내주는
초보 농사꾼 김 사장 내외

점장으로 호사하던 저 내외
시골사람보다 더 부지런해
장미꽃 부부라 불러주네

장미꽃 부부여
힘 좀 든다고 이내 시들지 말고
장미꽃향기 오래오래 보내주오

이웃사촌지정(1)
– 냉이

어설픈 호미질하며
자두나무 언저리에서
철 이른 냉이 캐는 아내를
마을 어귀에서 올려다보고

강아지 두 마리 앞세우고
논두렁 냉이 캐며 올라오는
아랫집 동갑내기 할머니

한겨울 집에서 보내고
모처럼 내려온 동갑내기에게
몇 줌의 냉이라도 쥐어주려는
따뜻한 이웃사촌지정

이웃사촌지정(2)
- 두릅

농막으로 오르는 길목
아랫집 김 노인
올라왔네

우리 내외
첫 전철 타고 온 것
어찌 알고 올라왔네

한 손에는 낫 들고
다른 손에는 두릅봉지 들고 와
탐스럽게 살찐 두릅 펼쳐 보이네

올라오는 논둑에 늘어선
새로 돋은 두릅 낫으로 따들고 와
웃으며 건네주는 김 노인

해마다
두릅 철 돌아오면
어김없이 건네받는 이웃사촌지정

이웃사촌지정(3)

– 연꽃이 피면

이 자그마한 연못에
연꽃이 피면

이 연꽃 씨 싹 틔워
내 아내에게 건네준

아랫마을 김 노인 내외 불러
찻잔 나누리

연못가 감나무가 드리워줄
시원한 그늘에 둘러앉아

넓은 연잎 사이로 내다보는
붕어와 잉어 눈길 마주치면서

이웃사촌지정 주거니 받거니
술잔도 나누리

동행同行

이른 봄 논두렁 위에
복실이가 보이면
그 논두렁 아래 제방에서는
아랫마을 할머니가 녹색 냉이를 캐고 있지요

한여름 고추밭 언저리에
복실이가 보이면
그 무성한 고추밭 속에서는
아랫마을할머니가 빨간 고추를 따고 있지요

늦가을 뒷산자락에
복실이가 보이면
밤나무 밑 풀 덤불 속에서는
아랫마을 할머니가 붉은 알밤을 줍고 있지요

한겨울
복실이가 보이지 않는 건
텔레비전을 보고 있는 할머니 방을
제 집에 누워 지켜보고 있기 때문이지요

자두나무 등걸에 앉아

연못가
자두나무 등걸에 앉아
지난 날 자두나무 그리워하네

제 나이로는 늙었는지
열매도 못 열고
벌레만 들끓는 걸 보고

아예 편히 잠이나 들게 하려
내가 잘라버린 등걸에 걸터앉아
지난 날 그 자두나무 그리워하네

이른 봄이면
저 연못 속에 비추어주던
하얀 꽃구름의 모습을

초여름이면
저 연못 속에 비추어주던
진자주색 자두꽃나무 모습을

서툰 망치질

가엾은
왼쪽 손등
시커멓게 멍들었네

성질 급해
장갑 낄 생각 못하고
맨손으로 망치질하다

내려쳐야 할
고추 지지대는 안 치고
애꿎은 손등만 내려치다니

가엾은 왼쪽 손등아 그렇다고
내려친 오른손
원망은 말거라

피하지 못한 것도
잘못 내려 친 것도
모두 다 내 성급함 때문이니

번개에 콩 볶아 먹듯

새벽 첫 전철로
농장에 내려와

아내는
감자밭 강낭콩밭 김매는 일
번개에 콩 볶아먹듯 해치우고

나 또한
쓰러진 강낭콩들 세워 줄 매는 일
번개에 콩 볶아먹듯 해치우고

정오가 되자 부랴부랴 배낭 꾸려
택시까지 불러 타고 허겁지겁
전철역으로 달리는 건

오늘은 토요일
오후 되면 등산객들로 꽉 찰 테니
집까지 서서 가게 되면 어쩌나 하고

미워서 미워하는 게 아니란 걸

농장에 오면
아내가 미워지오

쉬엄쉬엄 일하면
오죽 좋겠소

힘든 일 남편에게 맡기고
산나물이라도 캐며 즐기면
오죽 좋겠소

남편보다 더 일을 하려고 기를 쓰오
남편은 당뇨환자이고 어깨도 아프니
자기가 더 건강하다며 고집부리오

오늘도 무리하는 걸 보면
집에 가서 또 몸살 앓을 것이고
나는 또 아내를 더 미워하게 될 거요

미워할수록 더 의기양양해지는 건

미워서 미워하는 게 아니란 걸
아내는 너무나 잘 알고 있기 때문이오

종아리 쥐

한밤중
또 화를 참지 못하고
슬슬 앙갚음 시작 하는구나

온종일
쉴 새도 없이 부려먹고
혼자 잠만 자느냐고

하지만
어쩌겠느냐
나 또한 미안한 마음 없겠느냐만

고추 심을 날 저리도 다가오고
고구마 심을 날도 머지 않았고
어차피 밭갈이는 내가 할 일이니

그러니 정 화를 못 참겠으면
한쪽 종아리에만 풀어보려무나
두 종아리 쥐는 견딜 수 없으니

고라니(1)

산자락 밑 팥밭 일구고 있으려니
자꾸만 눈앞에 어른거리는
고라니 눈망울

신록으로 우거진 저 산자락
어느 구석에 숨어
지금도 내려다보고 있을까

노란 팥꽃 필 때면 내려가
연한 잎과 꽃 따 먹어야지 하고
입맛 다시고 있을까

하지만 사슴처럼 눈망울은 고와
올해에도 작년처럼
반이라도 남겨줄까

그래야 금년 동짓날에도
새알심이 팥죽 맛
또 맛볼 수 있을 텐데

고라니(2)

처음엔
허리 높이로 울타리를 쳤더니만
가볍게 뛰어넘어 들어와 꽃잎 따 먹고

그다음엔
어깨 높이로 울타리를 쳤더니만
납작 엎드려 들추고 들어와 잎줄기 따먹어

생각다 못해 이번에는
굵은 나일론 망사로 겹 울타리로 치고 나서
산자락을 올려다보며 소리치네

고라니 놈들아! 야박하다 원망마라!
작년처럼 반이라도 남겨 줬어야지!
이제 또 들어올 수 있다면 다 네놈들 것이다!

시누와 올케

복사꽃
싸리꽃
한창이고

모과나무도 시샘하며
꽃망울 터트리느라
안간힘 쏟는데

모처럼
날 잡아 내려온 누님과
질경이 캐는 아내여

꽃 속에서 노닐던 산새들도
두 분 나누는 이야기에
시끄럽다 날아가네요

도랑 치고 가재 잡고

모처럼
봄나물 캔다고
내려들왔는데

어쩌나
봄 날씨 유별나게 가물어
바구니들 채우지 못하고 있으니

생각 끝에
낫 들고 앞장서 뒷산자락 오르며
따라들 오라하니

나이 많은 여인네들 소녀들 되어
산새들처럼 재잘대며
뒤 따라오네

잡목과 덤불 속에서
아직도 숨 막혀 신음하고 있는
보아두었던 뽕나무 두 그루

낫으로 주변 덤불 쳐주며
뽕나무 가지치기해 던져주니
금방 가득 채워지는 연록색 뽕잎들

뽕나무 두 그루도
이젠 살았다 긴 한숨 몰아 쉬고
이야말로 도랑 치고 가재 잡고 아닌가

돌미나리

연못가
매실나무 밑으로 와
잡초들 낫으로 쳐주는데

잡초는 별로 없고
웬 돌미나리들 몰려와
자리 잡고들 있을까

나물 캐러 온다는
나이 많은 누님 소식 알고
오르기 힘 들까봐

저 산자락 밑 돌미나리들
도랑물 타고 예까지
내려들 왔나

형제우애
– 소나기

도와준다고 내려온
동생 내외와 함께 고추를 심네

형이 비닐 덮인 이랑에 간격 맞춰
막대기로 구멍을 뚫고 나가면
동생은 지하수 받아다 구멍마다
찰찰 넘치게 부으며 따라오고
제수씨가 고추모종 구멍마다 하나씩 꽂아 세워 넣으면
아내는 빠른 손놀림으로 호미로 흙 긁어 메워주고 다져주고

두어 시간 만에 끝내고 나니
어어, 소나기 오네!

농막으로 뛰어들어가 빗줄기 내다보며
형제지간은 고마운 빗줄기에 기분 좋아 술잔 나누는데
동서지간은 산자락 올라 산나물 캐지 못할까 애를 태우네

청옥青玉색 새알 6개

밭일하다 또 생각나
줄지어 늘어선 주목나무들로 눈길 돌렸을 때
나는 보았네 그 주목나무에서 날아가는 새를

산비둘기만한 청황青黃색 무늬고운
이름 모를 그 산새 한 마리는
틀림없이 그 청옥색 새알들의 어미였네

가지치기하다 잘못 새둥지 건드려
들여다보이던 그 청옥색 새알 6개
하지만 그 다음날 어디론지 사라져버려

어미가 비 맞을까 뒷산 나무로 옮겨 갔나
뱀에게 물려가지나 않았나 걱정도 많았는데
바로 옆 주목나무로 옮긴 걸 알게 된 것이네

날아가는 그 새의 날개는 황금색이지만
앞가슴이 청옥색인 걸 보니
그 알들의 어미라는 게 틀림없지 않은가

아! 편해지는 이 마음
그 어미새의 갸륵한 모성애가 내 맘 속을
6마리 예쁜 청황색 새소리로 가득 채워주네

찔레꽃

하얀 내 모습 잊으셨나요 하얀 내 향기 좀 맡아봐요
연분홍 내 모습 잊으셨나요 내 연분홍 향기 좀 맡아봐요
당신들 어머님의 끈질긴 한恨의 향기 좀 맡아봐요

들녘에 아무렇게나 내버려 두시지 말고
돌무덤에 아무렇게나 내버려 두시지 말고
지나 간 아픔들뿐이라고 그냥 내버려 두시지 말고

아주 먼 옛날부터
당신네 어머님들과는
슬픔과 기쁨과 한을 함께 나누었지요

고조선 부여 고구려 어머님들도
신라 백제 고려 조선시대 어머님들도
그리 멀지 않은 배고프던 시절만 하더라도

밭 갈다 힘드시면 서로 바라보며 쉬면서
김매다 힘드시면 서로 바라보며 쉬면서
자식사랑 서릿발 같은 가시로 가슴에 품으시고

하얀 향기 날려 보내드리면 하얀 한숨 접으시고
연분홍 향기 날려 보내드리면 연분홍 한숨 접으시고
슬픔과 기쁨 함께한 세월 저리도 길고 긴데

하얀 내 모습 잊으셨나요 하얀 내 향기 좀 맡아봐요
연분홍 내 모습 잊으셨나요 내 연분홍 향기 좀 맡아봐요
당신들 어머님의 끈질긴 한恨의 향기 좀 맡아봐요

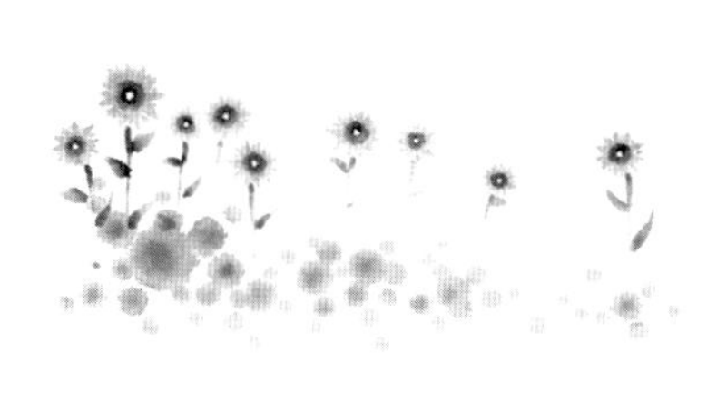

6부

강낭콩

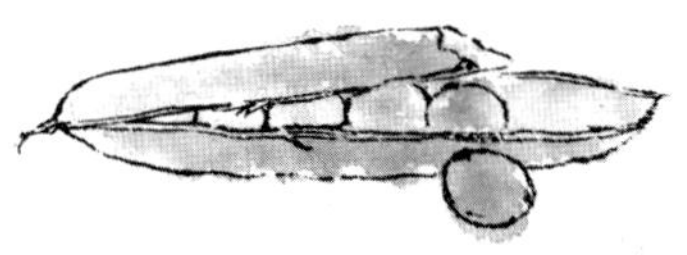

강낭콩

외딴 산기슭 농막에서
산새들과
강낭콩 까네

강낭콩꼬투리에서
빨간색 강낭콩 튀어나오니 꾀꼬리란 놈
제 목소리로 자란 거라며 꾀꼴대네

강낭콩꼬투리에서
보라색 강낭콩 굴러 나오니 뻐꾸기란 놈
제 목소리로 키운 거라며 뻑꾹대네

강낭콩꼬투리에서
하얀색 강낭콩 얼굴 내미니 비들기란 놈
제 목소리로 익은 거라며 구구대네

강낭콩꼬투리에서
세 가지 얼룩이가 기어 나오니 세 놈 한꺼번에
서로 제 목소리로 여문 거라며 소란떠네

바로 어제 같은데

발그레 매실 꽃망울 맺혀
꽃샘추위에 오들오들 떨던 게
어제 같은데

연분홍 매실꽃송이 흐드러지게 피어
봄의 노래 부르게 하던 게
어제 같은데

꽃받침 탯줄 그대로 달고 있는
아가들 새끼손톱만한 매실열매 본 지
바로 어제 같은데

어느새 한 달도 조금 더 지나
가지들 휘어져 버거워하며
어서 따 달라 재촉 하는구나

애호박

할미가
호박넝쿨 뒤져도
애호박 잘 찾지 못하는 건

넓은 호박잎들이
똑같은 색깔들로
숨겨놓아서도 그렇지만

오물오물 잘도 먹을
손녀딸 얼굴이
눈앞을 가려주기 때문

복에 겨운 아내의 걱정

복사술 담그며 좋아할
아들 생각만
하다가

큰 복사나무에서
설익은 복숭아
몽땅 따놓고 나서야

무거운 배낭 짊어지고 갈
남편 눈치 보며
걱정에 싸인 아내

저 많은 복숭아 어찌 지고 가나
이미 따놓은 오이도 저리 많은데
복에 겨운 아내의 걱정

백일홍

첫차로 내려와
논두렁 지름길로 접어들어
어느새 핀 벼이삭들 보며
농막으로 오르는데

누가 왔을까
빨간 옷 걸친 어느 누가
농막에서 내려다보고 있을까

서둘러 가까이 와보니
아하! 꽃 손님!
제철 알고 꽃피어 기다려 준
백일홍 바로 너였구나

예초기를 돌리네

예초기를 돌리네
윙윙거리는 예초기 소리
낮잠 즐기던 농장 단잠에서 깨우네

개구리들 놀라 뜀박질하고
메뚜기들 푸다닥 멀리 날고
숨었던 장끼 까투리 하늘로 치솟고
고구마 순 엿보던 고라니 놀라 산으로 튀네

누렁이도 놀라 짖어대네
눈 다칠라 검은 보안안경 쓰고
햇볕 가리려 밀짚모자 눌러 쓰고
찬물 적신 물수건 목에 걸친 나보고 짖어대네

아들들 오면 시키지 왜 손수 하냐고
노인네가 하다가 사고 나면 어떻게 하냐고
시원한 물수건 갈아주며 걱정하는 아내여
손주들도 온다는데 풀들 좀 깎아 줘야지요

산 복사 따는 아내

아내가
가파른 논둑에서
산 복사 따네

이른 봄날
화들짝 핀 연분홍 꽃구름 보며
예쁘기도 해라 찬탄하더니

중복날도 지난 오늘
작은 복사들도 꽃처럼 예쁘다고
산 복사 따네

나이 들어 허리 시원찮은 아내
산 복사 따다 넘어질까
걱정되지만

멀찌감치
고추밭 풀 뽑으면서
이따금 바라보기만 하는 건

난생 처음으로
산처녀처럼 산 복사 따는 아내의 꿈
깨트려주지 않기 위함

장맛비

녹두밭에 나가 녹두 솎아주려면
빗줄기 뿌려 농막으로 뛰어오고
농막으로 뛰어와 쉬려 앉으려면
퍼붓던 비 멈춰 또 나가야 하고
그쳤다 퍼붓다 온종일 들락날락

초록빛 언어

어제는 온종일
초록매실 따느라
초록매실들과 초록 말 나누었는데

오늘은 또 온종일
초록 완두콩 까느라
초록 완두콩들과 초록 말 나누었더니

잠자리에 들어 눈을 감아도
초록 말들이 꼬리에 꼬리를 물어
깊은 잠 이루지 못하네

속 타는 가뭄

농장에 내려가야
무얼 하겠는가
속만 끓이다 올 것을

봄부터 심어 길러온 밭곡식들
가뭄에 타들어가는 것보고
속만 끓이다 돌아올 것을

지하수조차 메말라 모터를 돌려도
푸푸 헉헉 애만 쓰다가
몇 모금 토해내고 마는 것을

차라리 이곳 집에서
농장 하늘 쪽만 바라보며
소낙비라도 내려달라 비는 게 낫지

그래서 옛날부터
가뭄은 하늘만이 해결할 수 있어
기우제를 지내지 않았겠는가

어처구니없네

서울집 테라스에는
밤새 내린 비가
내놓은 대야 가득 넘치기에

농장 연못가 도랑 넘쳐
고추밭 삼켰으면 어쩌나하고
도랑 치러 첫 전철로 내려왔더니만

이게 웬일!
100여 리 길 천리라도 되는가
농장엔 비 한 방울도 비치지 않았으니

꼭두새벽부터 곤히 잠든 아내 깨어
소란 떨고 내려온 나
참 어처구니없네

심술궂은 소낙비

소나기 중에서
오늘 만난 소나기보다
더 심술궂은 소나기 또 있을까

새벽부터 서둘러 모종 사려고
시골 5일 장터 도착했을 때
느닷없이 퍼부은 그 소나기

철 이른 봄날
때 아닌 천둥번개까지 데려와
우르르 꽝꽝 퍼붓던 그 소나기

아수라장된 빗속 장터에서
모종 사들고 막 떠나려 할 때
뚝 그쳐버린 그 소나기

뱀과 개구리

살겠다고
공중으로 튀어 오르는 개구리

잡아먹겠다고
입을 벌리고 몸체 솟구치는 뱀

고요한 한낮
농막 마당 풀숲에서의 순간 포착

어찌 되었을까
순간 방향 튼 개구리 살아났을까

복숭아

애쓰고 따서
손수레로 먼 길 끌고 와

잘생긴 걸로 골라 씻어
아내에게 건네주었더니

통조림 복숭아 만든다고
큰소리치더니 울상 되었네

잘생긴 복숭아 다 어디로 가고
너무 삶아 뭉개져 죽이 되었네

하지만 어쩌겠는가
맛있게 먹는 척이라도 해서
아내 마음 풀어주어야지

해도 밉고 먹구름도 밉고

메말라가는 밭곡식 바라보며
한숨짓고 있을 때

갑자기 몰려오는 먹구름에다
천둥까지 치기에

한소나기 하려나
하늘만 쳐다보고 있으려니

뒤따르는 뒷산 너머 햇살에
앞산 너머로 줄행랑 놓는 먹구름

먹구름 쫓아버리는 햇살 밉지만
줄행랑 놓는 먹구름은 더더욱 미워

단비 소식

한 시간 거리
농막 쪽 하늘 뒤덮은
검은 구름 바라보며

혹시나 농장에
소낙비라도 한 줄기 퍼붓나
전화를 했더니

아랫마을 김 노인
묻기도 전에 밝은 목소리로
단비가 내리고 있다 하네

타들어가던 들판
시원스레
목축이고 있다네

눈앞에 떠오르는
이제야 살았다고 긴 숨 내쉬는
내 과수들과 밭곡식들

오디를 따네

오디를 따네
농막 앞 도랑가 뽕나무에서
손자놈에게 줄 오디를 따네

며칠 전 딸 때는 술 담글 줄 알고
시큰둥하던 아내
오늘은 신바람 났네

후드득후드득
장대 맞는 높은 가지 위 오디들
깔개 위에 비 오듯 떨어지네

떨어지는 오디 맞으면서도
손자놈 입에 넣어줄 생각에
한껏 신바람 난 아내의 손길

이심전심以心傳心(1)

고추밭 고랑에 파묻혀
붉은 고추 따는데

그 누구인가 부르는 것만 같아
허리 펴고 일어나 앞을 바라보니

도랑 건너 둔덕 수수밭에서
어서 와 보라는 서너 수숫대의 손짓

이상하게 여기고 올라가보니
이게 웬일! 수수들 다 쓰러져있으니!

그저께 휩쓸고 간 태풍
이삭피우기 시작한 수수들 다 쓰러트렸구나

고추 따던 일 뒤로 미루고
막대 꽂고 줄 매고 일으켜 세워 묶어주며

불러준 서너 개의 수숫대 만져주며 묻기를
이심전심 어찌 터득해 모두를 살렸느냐

장끼

강낭콩 심을 밭 갈아놓고
농막을 떠나
오솔길 내려오는데

길가 수풀 속에서
후두룩 요란한 날개 소리 내며
하늘로 치솟는 장끼 한 마리

깜짝이야!
짝을 만나려면 외진 곳에서 기다리지
왜 이런 길목에서 사람 놀라게 하느냐

설마하니
네 짝 까투리가 이곳에서 만나자고
앙탈이라도 부렸단 말이냐

가뭄 뒤의 빗소리

저 소리가 그리도 기다리던 소리인가
저 소리가 그리도 애태우던 소리인가
저 소리가 그리도 원망스럽던 소리인가

감자를 캐는데

두 내외 밭두둑 마주보며
감자를 캐 오고
캐 가는데

시커멓게 몰려오는
소나기
먹구름

금방이라도 퍼 부울 것 같아
가뜩이나 마음 급해
호미질도 다급한데

덩달아 독촉 심한
이산 저산에서 울어대는
꾀꼬리와 뻐꾸기

다래넝쿨

농막 옆
뒷산자락 도랑가에
다래넝쿨 하나

나이는 제법 들었어도
다래 열매 열리는 것
한 번도 보여주지 않아도

잘라버리지 않고
그대로 놓아두는 건
고향생각 때문

해마다 봄이 오면
새순 돋아나 잘도 자라
고향 그리움 흠뻑 주기 때문

집안 어른들 따라 벌초가면
한주머니 가득 따오던
어린 시절 다래 추억 때문

7부

지족知足

단풍구경
- 지족知足

들깨 털며 바라보는 둘러싼 산들도 단풍이고
감 따며 내려다보는 남한강 건너 산들도 단풍
농막 지붕 덮고 있는 목련도 단풍

주변이 온통 단풍 단풍 단풍
내 마음도 온통 단풍으로 물들어 붉게 타들어
불끄기도 바쁜데 어디로 단풍구경 가자니요

황국黃菊

황국을 따네
산자락 밭으로 올라가
황국을 따네

벌떼들은 왱왱
나비들은 파닥파닥
저네들 꽃이라 덤벼드네

하지만
나도 물러설 수 없지
황국주 놓치면 어이하려고

꿩과 멧돼지 사냥

꿩들이 고추씨를 까먹어
고추밭에다 그물을 치고
그 그물에 낚시 바늘들을 매어놓아
꿩을 서너 마리 잡아 꿩 탕 해먹고

멧돼지들이 떼 지어 고구마 밭 망쳐
커다란 드럼통 3개를 고랑에 파묻고
그 속에 막걸리를 부어넣어
멧돼지 두 마리 잡아 잘 먹고 있다고

전철 안에서 귓속말로
걸리면 형사입건이라고
같은 농사꾼이라 특별히 말해준다는
그 사람 말 믿을 수 있을까

하지만
한 가지 믿을 수 있는 건
그 사람도 나와 똑같은 고민이라는 것
얼마나 화가 나면 그런 생각까지 할까

노송老松

인적 없는
농장 뒷산 고갯길

잡목들 틈새로 가까스로
햇볕 쬐고 있는
노송 한 그루

가만히 살펴보니
뱀처럼 목 죄고 올라가는
칡넝쿨과 찔레넝쿨

가여운 생각 들어
추석 솔잎 딸 것도 잊고
낫으로 다 쳐주고 내려오는데

숨통 트인 노송
등 뒤에서 부르며 말해주네
〈여보게 솔잎 왜 안 따가나〉

흰둥이의 웃음에 반해서

전생에
개와는 그 무슨 악연이라도 있는지
강아지조차 무서워하던 아내

농사를 지으러 다니며
농장 어귀 이웃집 흰둥이에게
먹이를 주고부터

멀리서도 알아차리고
제 집에서 뛰쳐나와 반갑게
웃어주는 흰둥이의 웃음에 반해서

두 귀를 뒤로 젖히고
두 눈도 반을 감으며 웃어주는
그 순수하고 착한 웃음에 반해서

이제는 개와의 악연을 끊고 오늘도
농장으로 가는 아내의 배낭은
흰둥이 줄 먹이로 뽈록 하다네

올밤나무 한 그루

해마다
여름끝자락
추석을 며칠 앞둔 이맘때 쯤이면

뒷산 다른 밤나무들 아직
아람불 기미조차
보이지 않지만

주인 없는 무덤 지켜주며
일찌감치 붉은 알밤들
떨어트려놓고

어김없이
내 발길 끌어주는
올밤나무 한그루

착하기도 하지!
무덤 속 고인 얼마나 외로워하면
해마다 불러 인사 나누게 할까

등산용 스틱

한 번도 쓰지 않아
먼지만 뒤집어쓰고 있는 등산용 스틱 두 개
내일 처음으로 써보기로 했네

내일 농막 뒷산으로
알밤 주우러 갈 때 가지고 가서
멧돼지란 놈 덤벼들면 무기로 쓰려고 하네

내가 먼저 멧돼지 급소를 찌르면
당신도 도망치지 말고 찌르라고 하니
아내는 농담으로 알고 웃어넘기네

그래도 아무런 대책 없이
그냥 당하는 것보다는 낫지 않겠냐 했더니
그제야 고개를 끄덕여주었네

또 누가 아나 이 등산용 스틱에
황소만한 멧돼지가 코라도 꾀어
통돼지구이라도 맛보게 될지

울타리까지 쳐놓은 밭에 들어와
봄부터 기른 곡식들 다 뒤집어 놓은 놈들
오죽 미우면 이런 생각까지 하겠는가

태풍이 할퀴고 간 감나무

연못가
감나무야
용케도 살아남았구나

지난 밤 그리도 사납게
퍼붓고 휩쓸고 간 태풍에
쓰러지지 않고 버텨냈구나

곱게도 가꾸어온 네 몸매
산발되고
찢겨졌어도

몇 개의 감이라도
잎 속에 품어안고
견뎌냈구나

감나무야
네 몸매 비추어 가꿀 연못물
아직도 저리 맑지 않으냐

지난 밤 악몽일랑 잊어버리고
황금빛 가을을 이루어보자
이제 우리 또 시작해보자

태풍이 할퀴고 간 대추나무

지난 밤
밤새도록 몰아치던 태풍에
너 또한 온몸에 상처 입었구나

이제 겨우
아가손톱만큼 키운
녹색대추들 다 떨어트리고

올려다보는 내 눈길 피해
멍하니 앞산만 바라보며
한숨 짓고 서있구나

괜찮다! 대추나무야
살아남은 것만 해도 대견하니
추석 차례상 걱정은 하지 말거라

아버지 감나무

농막 앞
도랑가의 감나무
아버지 감나무

전농동집 창가에 심어주시고 가신 후
두 번이나 옮겨 예까지 온
긴 세월 속의 아버지 감나무

봄날 노란 감꽃들 필 때나
여름날 초록색 감들 자랄 때나
가을날 오늘처럼 황금빛 감들 딸 때나

어느 가지 위에 앉아라도 계신 듯
올려다보며 불러보는
아버지

까치밥

연못가 감나무에서
감을 따네

낮은 가지 감들은
감나무 돌아가며
가지들 늘어트려 따고

중간쯤 가지 감들은
장대에 망을 달아
잡아채 따고

이제 맨 꼭대기 가지 감을 따려
사다리 걸쳐놓고 오르는데
산자락 까치들 깍깍 울어대네

저희들 먹을 거 남겨놓으라고
저희들도 감 익을 때
기다리고 있다고

하도 소란스레 울어대기에
나도 소리질러주네
놈들아! 꼭대기 감들은 남겨 줄게!

칭찬 받고 싶은 마음

부모님 추석 차례상에 올려드릴
금방 떨어진 알밤도 줍고
꼭대기 굵은 대추도 따고

또 이제 사다리 놓고
노랗게 익은
단감도 따고 있으니

추석날 아침에 오실 부모님
묘목 심어 기른 과일 맛보시고
대견하다 칭찬이라도 해주실까

돌아가실 때 연세보다
나이 더 먹었건만 아직도
부모님에게서 칭찬받고 싶은 마음

산에 다녀오는 줄 알고

농장에 갈 때면
언제나 우리 내외는
등산복차림

만나는 사람마다
어느 산으로 가느냐고 물으면
농장에 일하러간다고 대답하지요

농장에서 일 끝내고 돌아올 때면
언제나 우리 내외 등에는
배부른 배낭

만나는 사람마다
산에서 무얼 그리 따오느냐 물으면
하도 여러 가지라 그냥 웃어주지요

좁쌀이라고

좁쌀이라고
하찮게 여겼는데

낟알 중 제일 적은 낟알이라
속 좁은 사람도 좁쌀이라 부른다며
얕보았는데

아랫마을 김 노인 건네준
아가손가락만한 조 두어 이삭
심어보고 나서야 알게 되었네

풀잎보다 더 여리던 새싹들
그 뜨거운 땡볕에서도 쑥쑥 자라
내 키를 훌쩍 넘더니

의젓하게 내민 이삭 여물어
이 늦가을 고개 숙이니 놀라워라
그 굵기가 아가 팔뚝만 하는구나

참! 한 이삭 좁쌀 숫자로 치자면
이 세상 어느 이삭인들 당할까
함부로 얕볼 건 하나도 없는가 보네

호사스런 영접

김장 무 배추 뽑으러
모처럼 내려온 우리 내외
농막 길로 접어들다 깜짝 놀라네

농막 길가에 늘어선 나무들
이른 봄부터 땀흘려 일한 우리 내외
카펫 깔아 영접하네

단풍나무 세 그루가 깔아준
진 붉은 카펫 바삭바삭
밟고 지나

연이여
은행나무 세 그루가 깔아준
황금색 카펫을 조심조심 밟고

또 연이은
목련나무 세 그루의
흑갈색 카펫 의기양양 밟고 나니

그제야 나타나 반갑게 맞아주는
농막 안의 탁상과 의자들!
호사스런 영접 이만저만 아니네

말벌들

자두나무 아래 호박밭 일구려
낡은 간이창고 헐다가
떨어트린 말벌집

저들 집 헐었다고 달려들어
겁에 질려 하던 일 멈추고
멀찌감치 서서 지켜보고 있으려니

웽웽거리며 기세 올리던 말벌들
무슨 회의라도 하려는 듯
벌집 속으로 몰려 들어가기에

잽싸게
망으로 벌집 뒤집어 씌워놓고
하던 일 다 끝내고나서

긴 장대 끝으로
덮었던 벌집 망을 걷어주며
던져주는 말

놈들아! 미안하다!
다른 데 가서 새집 짓고 잘들 살면서
호박꽃들 피면 와서 꿀이나 따가거라

묵언수행

두 내외
농막에서 콩 마무리 하느라
묵언수행중이네

남편은 뒷산 마주앉아
산과 무언의 이야기 나누며
콩 다발에서 콩꼬투리 따고

아내는 먼발치 강물 내려다보며
강물과 무심의 언어 나누며
콩깍지 늘려가네

새벽 전철로 내려온 두 내외
해가 서산에 가깝도록
손만 움직일 뿐 말 한 마디 없네

서툰 농사꾼

산자락 오르락내리락
알밤 도토리 줍는 재미에
세월 가는 줄 모르다가

오늘에야
콩밭 둘러보고
놀란 아내

어머나!
콩들 다 익어
반은 다 튀어버렸네

낙엽(1)

낙엽들이
농막 앞마당을
놀이터로 아는가 보다

농막 앞 도랑가의 목련나무 세 그루 낙엽들
과수원 초입의 은행나무 세 그루 낙엽들
농막지붕 뒤덮고 있는 참나무 낙엽들

바람에 춤추며
농막 앞마당으로 날아 내리네
서로 부대끼며 부산을 떠네

농막으로 날아드는 저 낙엽들
마지막 가는 길 아랑곳 없이
놀이터로 날아드네

낙엽(2)

작년 늦가을부터 틈틈이
갈퀴로 긁어모았던 낙엽을
오늘은 제 자리로 옮겨 주어야하오

농막 앞마당 목련나무 낙엽들은
강낭콩밭 고랑으로

농막 입구 단풍나무 낙엽들은
감자밭 고랑으로

산자락 은행나무들 낙엽들은
고추밭 고랑으로

밭고랑은 거름 받으니 배부르고
낙엽들은 보살행하여 행복하고
농사꾼은 풀과의 싸움 미리 막아 좋고

내가 한 말 들었나봐

대추나무들도
귀가 있어
내가 한 말 들었나봐

작년 늦가을
이 대추나무들 밑에서
화가 나 중얼거린 그 말

고작 두어 주머니뿐이라니
내년에도 이러면 다 잘라버리고
매실나무나 심어야겠다는

그러기에 저렇지!
이 늦가을 잎 다 진
저 대추나무들 좀 보게!

어찌나 많이 열렸는지
꼭 붉은 대추 꽃나무들처럼
보이지 않는가

황률黃栗

노오란
네 본모습
이제야 보여 주는구나

작년 가을
농막 뒷산자락
밤나무 밑에서 주워와

한겨울 또
베란다 밖에서
모진 추위 견뎌내고

이제 또 마지막 시련
절구통에서의
부서지는 고통 끝내고나서

이제야 보여 주는구나
너의 노오란
해탈의 본모습을

독아! 애썼다 잘 가거라

망치로
큰독을 깨트려 보내주네
웅웅 탁탁 소리로 울면서 떠나네

어머님 살아생전
쌀 두 가마나 드는 이 큰독
신주단지처럼 아낌 받았고

아파트로 이사하게 되어서는
강변 집 뒤곁으로 옮겨져
직원들의 주말 술독으로 사랑 받았고

강변 집 국도 확장으로 헐려진 후에는
지금의 이 농장 오리나무 밑으로 옮겨와
마을 세 노인과 술친구 되어주더니

잘 가거라! 독아
지난 겨울 담아놓은 물 그대로 두어
얼어 터졌으니 내가 너를 보냈구나

하기야 내 누님 시어머니께서
친정 식구 많으니 갖다드려라 해서 왔다니
백수도 더한 네 수명이니 섭섭해 말거라

8부

종심소욕불유구從心所慾不踰矩

추운 날의 도가니탕

하필이면
만나기로한 날이
이리도 추운 날이 될 줄이야

하지만 나가봐야지
서너 해나 만나보지 못한
보고 싶은 얼굴인데

두꺼운 외투로 귀까지 가리고
약속된 전철역에서 기다리는데
그 친구도 털모자까지 쓰고 왔네

우리 둘이서는
화덕에서 펄펄 끓여 내놓는
도가니탕집으로 들어섰네

뜨거운 국물 마셔가며 술잔 나누니
우리의 얼었던 몸은
봄눈 녹듯 풀어졌네

우리의 우정 어린 대화는 이어졌고
밖에서는 펑펑 내리는 함박눈이
한 뼘이나 쌓이고 있었네

찔레 열매 술

들고 온
노을빛 찔레 열매 술
한 병

세 친구에게
한 잔씩 따라주며
나도 한 잔 받아들고

자! 건배!
우리 모두의 건강을 위하여
좋은 술 준 찔레에게 감사하며

한 친구 맛을 보며 향기가 깊다 하네
한 친구 맛을 보며 단맛도 난다 하네
한 친구 맛을 보며 좀 독하다 하네

들고 온 찔레 술
한 병 모두
비우는 동안

방 안에는
어릴 적 고향 이야기 가득했네
하얀 찔레꽃 향기도 가득했네

초설모과주初雪木瓜酒

모과술 담그는데
첫눈이 펑펑 내리네

썰어놓았던 모과들을 오지독에 넣는데
첫눈도 펑펑 오지독 속으로 들어가네

담금 술병 뚜껑 열어 오지독에 붓는데
첫눈도 펑펑 오지독 속으로 들어가네

술 잘 익어 술잔 나눌 때 묻는다면
초설모과주라 말해주려네

빈 자리

아주 오랜 세월
친구 넷이 모이는 자리에
모처럼 한 친구 빠지면

술잔도 빈 자리로 건네다 말고
대화도 빈 자리로 가다 말고
얼굴도 빈 자리로 돌리다 말고

종심소욕불유구從心所欲不有矩

푸르던 시절
창문으로 들어오는 햇살 나누어 받으며
학업에 정진하던 동기동창들

정든 모교 떠나 삶의 바다로 뛰어들어
운명의 파고를 넘고 넘어
오늘 이 자리에 선 친구들

풋풋하던 얼굴들 그 어디에 감추고
동기동창들 아니랄까봐 사이도 좋게
두루 노인들 얼굴하고 나왔는가

하지만 눈부셔라
그대들 깊은 주름에 새겨진
인생역정의 찬란한 경륜과 지혜

이제 더 무얼 바랄 게 또 있겠는가
공자의 종심소욕불유구의 경지에
이미 다들 도달해 있거늘!

반년이라는 세월이

반년 만에 만난 다정한 친구들
반갑게 악수 나누면서
얼굴들 마주 보니

한 친구 검버섯 두어 개 더 늘었고
한 친구 이마 주름 더 깊어졌고
한 친구 머리칼 더 백발 되었고
한 친구 대머리 더 벗어졌고
한 친구는 눈두덩 더 불룩해졌네

반년이라는 세월이
늙어지는 약이라도
발라주고 갔는가

하지만 만난 친구들 아이들로 돌아가
주거니 받거니 술잔 나누며
박장대소하는 모습들 보고
엿보러왔던 저승사자들 놀라
줄행랑 놓고 있네

노시인

술 한 잔 하기로 한
이웃집 노시인 벌써 나와
앞집감나무 바라보고 서있네

옆집으로 이사 온 지
얼마 안 되어
낯은 설지만

그래도
시인이라는 말 듣고는
왠지 스스럼없어져

〈뾰족한 감들 하도 예뻐
시 한 수 그리고 있느냐〉
물으니

노시인 또한
같은 시인이란 걸 알아 그런지
너털웃음 터트리며

백년지기라도 되듯
따스한 손으로
내 손을 꽉 잡아주네

검버섯조차 지워버린 사진

두 노인
무엇이 저리 좋아
환하게 웃고 있을까

문학의 향연
마지막 순서로 진행된
선물추첨에서

조막만한 선물 받고
어린애처럼 웃고 있는 나를
어린애처럼 웃으며 바라보는 노시인

어느 누가
어느새 이 순간 포착하여
카페에 올렸을까

검버섯조차 지워버린
이 해맑은
두 얼굴을

화기애애和氣靄靄

두 달에 한 번씩 만나는
대학 과 동창회

오늘따라 대머리 두 친구
나란히 앉아

맞은편에 앉은 친구들
불평들 심하네

달덩이 같은 두 대머리
좀 떨어져 앉으라고

너무나 눈부셔
술도 못 따르겠다고

술잔 높이 들어 건강 축원하는
화기애애한 동창회 모임

어깨동무 사진

이따금
이 사진을 보면
그 옛날 중학교시절 생각나네

어느 옥상에서
어깨동무하고 찍은
두 소년의 이 흑백사진

중학교 갓 입학해서
증명사진 제출하라는 선생님 말씀에
사진관에 가서 찍어간 어깨동무사진

참으로
가엽기도 했고
순진하기도 했던 이 빡빡머리 두 아이

6 · 25전쟁 와중에서
갓 벗어난 이 아이들
증명사진 언제 찍어봤어야지!

어느새 희수 나이도 지난 그때 그 두 아이
어제도 소요산에서 만나 술 한 잔 나누며
그 이야기 나누었다네

이심전심以心傳心(2)

집으로 가는 길
족발집 앞에서 만난
이웃집 노시인

어디 다녀오느냐 묻기에
장례식장이라고
대답했더니

내 팔 붙잡고
술 한 잔하자며
족발집으로 들어가네

노시인
이심전심이라도
터득 했는가 보네

그러지 않아도 아내가
사촌언니 영안실에서
친정동생과 밤새운다 해서

초저녁부터 홀로 집에서
술 한 잔 없이 어찌 지내나
걱정했는데

소요산 우정

지난 가을
낙엽진 소요산 오르며
계곡 바위에 걸터앉아 이야기 나누었는데

깊어가는 겨울 오늘 또
소요산 산자락 음식점에서
눈 내리는 창밖을 내다보며 이야기 나누네

내년 봄 꽃필 때나 다시 만나기로 하고
왜 갑자기 오늘 또 모이라고 했는가
그 이유를 들어보니

한 친구
버림받은 개 한 마리 불쌍해 길렀더니
새끼를 9마리나 낳아 걱정이라며

새끼들은 자기가 기를 테니 어미 한 마리만
넓은 이곳 산자락에서 공장하는 친구더러
경비견으로 써줄 수 없느냐는 것

흔쾌히 받아주는 친구의 우정도 놀랍지만
희수도 넘은 나이에 얼마나 맘씨 여리면
개 걱정까지 할까

더해가는 눈발 내다보며 듣고 있던 친구들
그제야 걱정들 내려놓고 먼 길 집 갈 생각에
주거니 받거니 술잔들 서두르네

밤 한 톨

조끼주머니에서
튀어나온
밤 한 톨

어디서
주워 넣은 밤일까
한참 생각 끝에

아하!
소요산
그 계곡 길이었구나

고교동창들 모처럼
동두천 친구 공장 구경 한 후
단풍구경하려 들렀던 그 계곡

바위에 둘러앉아
지난 시절 이야기 나눌 때
툭하고 떨어졌던 그 밤 한 톨

친구들 모두 이 한겨울
집안에서 겨울잠이나 즐기겠지
이 주머니 속의 밤 한 톨처럼

칠문회七文會

앞차 운전해가는 저 노시인
뒤차 운전해가는 이 노시인
얼마나 힘들까

홍유능에 이르러
조선 마지막 황능 불운의 해설 들으며
걸음 옮기는 저 노시인들 괜찮을까

휠체어에 의지하는
저 노시인은 얼마나 마음 미안하고
밀어주는 저 노시인은 또 얼마나 힘들까

시원한 그늘 이룬 높은 수목들 밑 잔디에서
의자에 걸터앉아 이야기 듣는 저 두 노시인은
자리 깔고 앉은 다른 분들에게 얼마나 미안할까

하지만 이게 웬일!
오늘 모인 노시인들 얼굴 맑기만 하네
힘들거나 미안한 기색 보이지 않네

알만도 하네
시인들은 항상 설렘의 꿈 속에 살아
몸만 늙었지 마음만은 어린아이들이란 걸

고마운 고향 천년 은행나무

지금도 생각나네
고향 큰 어르신 조한응 선생님의
그 안경 너머 따스한 시선이

용문산 은행나무 밑으로 모이게 하시어
막걸리 한 초롱 나누어 마시며
손잡고 은행나무 돌며 우정 맺어준 선생님

그때 그 푸르던 청춘 다 어디로 숨겨두고
오늘 한결같이 80고개 넘은 노인들 되어
아내들 모시고 나오셨는가요

처음 결혼들 해서
고운 새색시들과 나오시어 부끄러워하시던 게
어제 같은데

자식들 다 키워 출가시키고
홀가분하게 부부 동반해 나오시던 시절
어제 같은데

다들 크게 성공들 하시어
그 때마다 축하연에 불러
술잔 나누던 게 어제 같은데

어느새 흘러 가버린 60년 세월
하지만 우리 모두 얼마나 고마운가요
끈질긴 우정 맺어준 저 천년 은행나무가

동그라미 속의 얼굴 넷

책상 앞 달력에
매달 셋째 토요일마다
그려진 동그라미

동그라미 볼 때마다
동그라미 속에서 웃고 있는
동심의 늙은이 넷

오늘도 잘들 지내겠지
술들 좀 줄여야 할 텐데
동그라미 오래 그릴 수 있게

매실주와 행우회杏友會

작년만하더라도
들고 가는 매실주 한 병
적다했는데

오늘은 그마저
반 병이나 남겨 돌아가는
허전한 마음

달리는 전철 차창에
자꾸만 아른거리는
얼굴들

60여 년 긴 우정의 세월 속에
공평하게도 늙어버린
고향 친우 내외분들

그래 이젠
매실주 동행 그만 두자
건강해야 더 오래 만나지

세 노인

펄펄 끓고 있는
버섯전골에
저녁반주

세 노인
주거니 받거니 소주잔에
얼었던 추위 녹아내리네

년 중 겨울이면
한 번씩 꼭 만나던
이웃사촌 세 노인

뭐 그리 바빴던지
한해 걸러 입춘도 하루 넘긴
오늘에야 만났네

시조시인 윤노인의 호탕한 너털웃음
전직 교감 김노인의 차분한 웃음소리
창밖의 한파도 물러서네

펄펄 끓는 버섯전골에
주거니 받거니 소주잔에
시간가는 줄 모르는 이웃사촌지정

방금 보고 온 얼굴들인데

방금 보고 온 얼굴들인데
왜 이리 마음 허전할까
왜 이리 그 얼굴들 눈에 아른거릴까

나이 함께 더 들어갈수록
깊은 주름 함께 더 늘어갈수록
나오던 자리 하나둘 비어갈수록

애잔한 우정 더해 가는가
다른 동창들도 내 마음과 같을까
궁상떨고 있을 때 울려주는 문자소리

모바일 열어보니
어럽쇼! 방금 헤어지고 온 동창얼굴들
모두 모바일 속에서 웃고 있네

올해의 두 희수喜壽주인공
케이크 자르며 함박웃음 터트리고 있네
열 한명 모두 일어나 생일축가 불러주네

고마워라 우리 동창회장님
깜빡깜빡할 우리 나이에도 그 오랜 세월
우리 58상우회 지켜주다니!

안쓰럽기만 할 텐데

조금 후 만나보아야
백발과 주름들 얼마나 더 늘었는가
바라보며 안쓰럽기만 할 터인데

전철 타고 만나러 가는 이 마음
어이 이리도 설레는가
그 옛날 연인 만나러갈 때처럼

만난 날 횟수만큼 정 들어 그런가
만날 날 횟수 줄어들어 그런가
비운 마음 술잔 채우고 싶어 그런가

9부

연작시連作詩

노인과 꽃(1)

지구온난화로
5월 중순 기온이 철 잃어
4월 중순으로와 머문다하더니

이를 어쩌나!
꽃들도 제 차례 잃고
한꺼번에 피었으니

산수유 매실 목련 복사꽃에다
산자락 중반 빵 둘러
진달래꽃까지

내 오늘 내려온 김에 큰 맘 먹고
차례대로 저 꽃들 둘러봐주며
강낭콩밭부터 일구긴 하겠다만

한꺼번에 폈으니 한꺼번에 질 꽃들!
내 무슨 재미로 꽃 없는 농장에서
5월 한 달 밭갈이 하나 한숨 나오네

노인과 꽃(2)

나이 한 고개 또 넘어서
이제 농사일 그만 두려
작심을 했다가

꿈 속까지 찾아들어
손짓하며 불러대는
내 시의 꽃 요정에 끌려 왔다네

온 김에
강낭콩밭 쇠스랑으로 뒤엎다가
밭가 자두나무 밑으로 와 쉬고 있는데

하얀 자두꽃잎들
바람 한 점 없는데
흰 눈송이처럼 떨어져 날리네

자두나무 날 위로해주네
가는 꽃 있어야 오는 꽃
또 있지 않느냐고

저 산자락 싸리꽃 찔레꽃 모과꽃들
이제 막 꽃 몽우리들
맺히고 있지 않느냐고

노인과 꽃(3)

강낭콩 밭 두 이랑 뒤집고 나서
감자밭 세 이랑 새로 시작하려다
잠시 쉬면서

앞산자락
붉은 띠 두른 진달래꽃더미 바라보며
물어보네

진달래야 진달래야
이 나이에 두 이랑이나 갈아엎었는데
어찌 힘도 안 들고 이리 마음 편안한 거냐

진달래꽃들이 말해주네
물어보는 텅 비운 그대 마음 가득
꽃잎으로 채워드렸으니 그럴 수밖에요

노인과 꽃(4)

가지치기 해놓은 과수원의 가지들
산자락으로 옮기고 나서 힘에 버거워
헐떡이며 쉬면서

과수원을 뒤덮은
연분홍 매실꽃 더미 속에서
매실꽃들에게 물어보네

매실꽃아 매실꽃아
힘이 이리 아주 많이 드는 데도
내 마음만은 어찌 이리 편안한 거냐

매실꽃들이 대답해주네
물어보는 텅 비운 그대 마음 가득
향기로 채워드렸으니 그럴 수밖에요

모란꽃 사연(1)

작은 아가 꽃 몽우리
동그랗게 하늘 향해
기도하더니

어느새
진자주 꽃송이
소담스레 받쳐 든 모란이여

그 누구를 위해
저리도 눈부신 꽃송이들
피웠을까 아무리 둘러보아도

테라스 내어다보고 있는
우리 두 내외 밖에는
아무도 없네

고맙기도 하여라 모란꽃이여
해마다 만남의 기쁨 주고 가는
모란꽃이여

모란꽃 사연(2)

소담스러운 모란꽃이여
그 옛날 강변집 마당
돌 식탁 생각나겠지

강물 위에 노래 띄우던
그 시절 그리운 그 얼굴들도
기억하겠지

5월 낚시철 돌아오면 내려가
술잔 나누며 노래 부를 때마다
그 옆에서 지켜보아 주었으니

그리운 추억까지
이 집으로 옮겨와 함께 하는
20년 세월 인연의 꽃이여

그리운 친구들 흩어져 소식 없지만
옛 추억의 얼굴들 떠올려주는
꽃이여 모란꽃이여

모란꽃 사연(3)

오직 태양만을 향하여
진자주 꽃잎들
동그랗게 펼쳐

황금빛 소중한 종자
심장으로 품고 있는 꽃이여
모란꽃이여

행차에 나선
신라 어느 여왕처럼
고고한 꽃이여

이 도심 척박한 테라스에
봄이면 찾아와 호사 주는
고마운 모란꽃이여

엉겅퀴(1)

참 이상도 하지
그 엉겅퀴들 어찌
내 농장에서는 찾아볼 수 없고

걸어 30여 분 걸리는
부모님 산소 주변에만
그리도 지천일까

혹시나
아버님 이 불효자에게
엉겅퀴 내려주신 건 아닐까

기왕에 금주 못하겠으면
몸에 좋다는 엉겅퀴 술이나 담가
조금씩 마시라는 건 아닐까

사업한답시고 술 많이 드는 아들
얼마나 걱정 많으셨으면
그러셨을까

술 끊겠다고 하니 눈 좀 떠보시라고
자형이 말씀 드릴 때 감으셨던 두 눈
번쩍 뜨셨을까

혹시나
아버님 저 세상 가 계셔도 아직도
이 자식 몸 걱정하시는 건 아닐까

엉겅퀴(2)

엉겅퀴가
소중한 대접받기 시작한 후로
부모님 산소에 가면

동생은
엉겅퀴 술 오지독에서 술 떠내
절해드리는 상석 위에 올려드리고

두 형제도
지난 날 부모님 옛이야기 나누며
엉겅퀴 술잔 나눈다네

형처럼 노후를 맞아
부모님 산소 아래 밭을 오가며
주중 농사꾼 된 동생도 이제는

엉겅퀴를 천대하기는커녕 소중히 대해
예쁜 꽃은 따서 말려 차로 마시고
시들기 전에는 베어 술 담근다네

뿌리도 전처럼 뽑아버리지 않고
잘들 자라게 보살펴주며
고마워하기까지 한다네

엉겅퀴(3)

아버님 가시는 날까지도
과음하는 자식 걱정하시는 모습
뵌 후로는

불효자 금주는 못했어도 양은 줄이고
술도 아버님 평소 드시던 담근 술로
바꾸었다네

저녁에만 반주로 딱 한 잔만 드는
여러 가지 담금 술병 중 엉겅퀴도
이젠 어엿한 한자리 차지했다네

아들 넷 좋아하는 술 다 다르네
큰아들은 아예 담금 술은 마다하고
둘째는 황국 셋째와 막내는 엉겅퀴라네

두 내외 사는 집에서 저녁식사 때
아내가 어쩌다 술 한 모금 청할 땐
먼 나라 셋째아들 생각하는 걸로 알고

물을 필요도 없이
그 아들 이따금 집에 올 때면 꼭 마시는
엉겅퀴 술 따라준다네

엉겅퀴(4)

모처럼 동생 내외
농장에 찾아왔네
엉겅퀴 뿌리 한 자루나 차에 싣고

작년 봄 캐다 준 일곱 뿌리 심었더니
풀 더미에 묻혀 다 삭아버리고
두 뿌리만 살아남았다 했더니

이른 봄 오늘
금년에는 이곳저곳에 많이 심어보라고
한 오십여 뿌리나 캐어 온 것이네

동생 두 내외 떠난 후
우리 두 내외 엉겅퀴 심어주네
농장 새 식구 된 엉겅퀴 심어주네

아내는 멀리 가 살고 있는 아들 오면
진보라 꽃 말려 차 끓여 줄 생각하며
연못가 둔덕에 호미로 심고

남편은 소중한 아버님의 선물로 생각하며
농막으로 뛰어가 삽과 괭이 가져와
새 밭을 만드네 엉겅퀴 잘들 살아라

외로운 매실나무(1)

농막 앞
굵어가는 매실들 힘에 버거워
매실나무가지들 늘어트리는 걸 보니

언뜻 생각나네
뒷산 산자락 밑
외로운 매실나무 한 그루

작년 어느 누가 남의 매실 따가면서
가지마다 상처주고 마구 분질러놓은
그 매실나무 매실 좀 열렸을까

가보진 못했어도
먼발치에서나마 밭일하며 얼마 전
하얗게 꽃핀 건 보았는데

미안하다 매실나무야! 가보지 못해서
오늘도 다른 일로 바쁘니
내일 꼭 올라가보마

외로운 매실나무(2)

외로운 매실나무에게
먼발치에서나마 약속한 대로
다른 일 제쳐 놓고 만나보러 올라가네

혹시나
작년 불청객 벌써 다녀가진 않았나
멧돼지라도 덤벼들지 않을까 걱정하며

허리만큼 자란 잡초들
낫으로 잘라 길 내며 올라온 우리 내외
두 번이나 놀라네

동글동글 매실들
어찌 저리 많이 열렸나
놀라고

작년 입은 상처 아직도 아물지도 않았는데
이번엔 칡넝쿨에 감겨 목 조이는 걸 보고
놀라네

기특하기도 한 외로운 매실나무!
모진 역경 속에서도 할 일 다한 매실나무!
오냐! 내 이 칡넝쿨부터 잘라주마!

외로운 매실나무(3)

많이도 열려준 매실
손수레에 싣고 내려오는 우리 내외
이야기 나누네

어쩌다 저 매실나무
저 넓은 밭에 심어준 50여 그루 중
혼자 살아남아 저 고생일까

10여 년간이나 이곳에서 살며 돌보던
전노인 살아계셨다면 저 매실나무도
이처럼 외롭지는 않을 텐데

빠른 세월 거꾸로 흘러
우리 내외 나이 몇 년이라도 젊어진다면
두 번 말고 댓 번은 올라가 돌봐 줄 텐데

외로운 매실나무
우리 내외 마음에게까지 외로움주네
먼 나라 가 살고 있는 아들도 불러주네

외로운 매실나무(4)

외로운 매실나무
모진 역경 이겨내고 열려준 매실들 따서
배낭에 넣어 서울집에 돌아와

베란다 함지박에 쏟아 담으니
농막뒷산 푸르른 향기도
함께 쏟아져 내리네

아내에게 말해주네
이 매실들 깨끗이 닦아 매실청 담가서
당신 부엌 싱크대 위에 놓고 보아주라고

그러나 아내는 대답해주네
이 매실들 얼굴 깨끗이 닦아 줄 테니
매실주나 담가놓고 매실나무 보듯 하라고

뽕나무(1)

해마다
6월이 되면 짙푸른 잎들 사이로
검은 오디 많이도 보여주던 저 뽕나무

웬일일까
긴 장대에 바구니까지 들고 왔는데
작년과 달리 시원찮으니

이상도하여 도랑 건너
나무밑으로 가 살펴보니 놀래라
뽕나무 숨넘어가고 있었네

바로 옆 웬 등나무 구렁이처럼
뽕나무가지들 돌돌 말아 꼭대기까지 올라
뽕나무 숨통 죄고 있었네

가여운 뽕나무
해마다 봄이면 울타리 이쪽에서만 따느라
울타리 넘어 산자락 네 몸뚱인 못 살폈구나

한 15년 전
잡초 속에서 숨넘어가던 어린 뽕나무 길러
그동안 과분한 보답 오디로 받아왔네

뽕나무(2)

오랜 세월 나는 뽕나무와의 인연
더 이어가기로 결심하고
등나무 제거작업에 들어갔네

그러나 어찌 알았겠는가
하찮은 등나무도 보복 할 줄 안다는 걸
그것도 아주 모질게도 내 왼쪽 눈에

등나무밑동 찾아 낫과 톱으로 자르고
사다리 놓고 올라 줄기들 풀어주고
또 잘라주고 난 후

숨 멈춘 굵은 뽕나무가지 하나 잘라
잡아끌어 내릴 때 어느 무엇인가
순식간에 내 왼쪽 눈 후려쳐

내 눈에 피를 흘리게 했고
쓰고 있던 모자와 안경도
땅바닥 풀섶에 동댕이쳐버린 것

멀찌감치 밭에서 냉이 캐던 아내에게
소리쳐 불러 병원으로 가는 차 속에서도
등나무 보복에 그저 놀랠 따름이었네

뽕나무(3)

안과병원에 도착 의사에게
순간이라 기억은 안 나지만
뽕나무에게 보복당한 게 분명하다 하니

찢겨진 왼쪽 눈꺼풀 들추고
안구를 들여다보더니
큰일 날 뻔 했다면서

그래도 안구의
검은 동자와 흰자가 조금 다쳐
그나마 다행이라 안심시켜주었네

왼쪽 눈 안대로 가려
아내의 팔 잡고 집으로 돌아오는 길
엉뚱한 생각 들었네

혹시나 죽은 줄 알고 잘라낸
그 뽕나무 아직도 살아있어 아파서
내 눈 때린 건 아닐까

뽕나무(4)

눈 치료도 잘 되어
앞 보는데 아무런 불편도 없어지자
후회가 되었네

칡넝쿨과 등넝쿨
서로 얽힌 갈등 속에서도
잘들만 산다던데

내 오디술 욕심으로 둘 다에게
못된 고통주고 내 왼쪽 눈까지
보복 당하게 한 거 아니냐고

고심 끝에 농장에 내려가
잘라낸 굵은 뽕나무가지들과 등나무넝쿨
연못가 호박밭으로 옮겨

뽕나무가지로는 지지대 세우고
지지대 위로 등나무 걸쳐 어울리게 하여
호박꽃이라도 피워주려하네

뽕나무(5)

또 한해가 지나가고
오디 철이 돌아왔기에 작년 이맘때처럼
긴 장대들고 연못 뒤 뽕나무 찾아왔네

작년 이맘때 찾아와
등나무에 칭칭 감겨 숨넘어간 줄 알고
한 갈래 가지 잘라버렸는데도

남은 두 갈래 더욱 짙푸른 잎새 속에
예년보다 더 굵어진 오디들 다닥다닥
반가이 어서 따가라 반겨주네

뽕나무 밑 풀섶에
넓은 천 깔아 놓고 긴 장대로 휘둘러
오디를 따 내리네

아내는 유별나게 오디 좋아하는
막내 손자 얼굴 떠올리며 주워 담고
나는 오디술 떠올리며 장대 휘두르네

푸른 콩(1)

밭갈이 하고나서 심을 때는
분명 3고랑에다 3이랑의 푸른 콩밭이었는데
3고랑 보이지 않네

들추어보니 놀랍게도
이랑에 뿌릴 둔 푸른 콩들과
고랑에 뿌리를 둔 잡초들 간 전쟁 중이었네

서로 간 적진 속 점령해가며
서로 간 사활 건 전투중이라 고랑바닥은
곪아가는 잡초들과 푸른 콩잎들로 가득했네

폭염 속 땡볕이라 해서
내 대신 싸워주는 푸른 콩 두고
나 어찌 혼자 집으로 가던 길 갈 수 있는가

되돌아 농막으로 가 낫과 호미 들고 와
쓰러진 푸른 콩가지들 일으켜 세워주고
인정사정없이 잡초들 베고 뽑아주네

훤히 뚫린 3고랑 바라보며 말해주네
푸른 콩들아! 이 3고랑은 너희들 마실
빗물 흐르는 고랑이니 다신 뺏기지 말거라

푸른 콩(2)

6번이나 지하수로 땀 씻어 가며
푸른 콩밭 3고랑 잡초들
호미와 낫으로 뽑고 자르고 나서

시원한 목련나무 그늘에서 쉬면서
방금 벗어나온 푸른 콩밭
바라보니

어쩌면 저리도
저 뜨거운 땡볕 아래서도
저 푸른 콩들 시원해보일까

훤히 제 모습 되찾은 저 3고랑은
산발했던 산처녀 머리 빗고
가르마 탄 단정한 모습이네

잘 다듬어 준 저 3이랑의 푸른 콩들은
그 옛날 연지곤지 바르고 시집가는
가마 속 신부처럼 곱기도 하네

푸른 콩(3)

고마운 푸른 콩들아
내 아내 상심 풀어준
기특한 푸른 콩들아

노란 메주콩 심어봤자
알록달록 덩굴콩 심어봤자
고라니에게 다 빼앗겨 상심하던 아내

아랫마을 농장 입구
아내의 동갑내기 친구 손에 들려와
더 이상의 상심 떨쳐준 푸른 콩들아

뿌리도 줄기도 잎사귀도
웬만한 나무들처럼 크고 질겨서
고라니들도 넘보지 못하다니!

푸른 콩들아
돌아오는 늦가을에도
푸른 콩 꼬투리 따는 재미 보여주겠지

푸른 콩(4)

아직도 원래 이름도 모르고
그저 푸른 콩이라 내가 이름 지어
불러주는 푸른 콩들아

돌아오는 늦가을에도
우리 두 내외에게 작년처럼
묵언수행 시켜주려느냐

아내는 나를 마주해
농막 뒷산 향해 앉아
콩꼬투리 따 나에게 넘겨주고

나는 아내를 마주해
먼발치 강물 내려다보며
콩깍지 늘려가며

반나절이나
시원한 산바람 강바람 속에서
말 한 마디 없었던 그 묵언수행을

테라스 텃밭의 조(1)

깊어가는 이 가을 아침
창밖의 조 이삭들 내다보네
베란다 벽에 걸려있는 두 묶음의 조 이삭들을

저 두 묶음의 조 이삭들 모두가 내 눈에는
온갖 수모와 역경 이겨내고 저 자리에 서게 된
승자들의 모습이라네

직접 저들의 치열했던 과거사를
이 창문으로 이른 봄부터 가을까지
내 두 눈으로 똑똑히 지켜보았던 것이네

저들의 삶의 투쟁은
우리네 인생이나 크게 다름이 없다네
때로는 눈물겨웠고 때로는 환희로 충만했네

나 이제
대견스러운 조 이삭들이 겪은 역경의 모습을
나의 시 속에 담아보며 내 자신도 배우려하네

테라스 텃밭의 조(2)

웬일이냐
어쩐 일이냐
심어 주지도 않았는데 웬 조 싹들이냐

작년 농장에 심은 조
이곳 테라스에서 손절구에 찧어
이 텃밭에 대고 키질한 것밖엔 없는데

세 아들과 동생에게 나누어 주려해도
밥이 깔깔하다 마다하여 금년에는
농장에도 심지 않았는데

이 자그마한 테라스 텃밭 주인은
이른 봄에는 달래와 돌나물인데
도대체 누가 반긴다고 싹들 내민 것이냐

한두 싹이면 뽑아 버리겠건만
겨우내 얼어붙은 이 조그만 텃밭에서
무슨 재주로 살아남아 싹을 내밀었느냐

테라스 텃밭의 조(3)

기왕에 살려고 나온 조 싹들
50여 그루나 되는 조 싹들에게
테라스 텃밭 사용권을 인정해주기로 결정했네

조건으로는 1년 기한에다
도심 속 5층 이 척박한 흙에서
살아남고 못하는 건 나의 책임 아니라는 것

결정을 해주고 나니
한편으로는 마음이 편했지만
아내의 불평은 늘어만 갔네

해마다 심던 오이는 어데 심고
해마다 캐던 달래와 돌나물은 어찌하고
제 철 모르고 나온 저 조들 제 구실 하겠냐고

하지만 어쩌겠는가
때로는 못들은 척
때로는 1년만 참아달라고 사정하는 수밖에

테라스 텃밭의 조(4)

아니 저럴 수가
어느새 조들 저리 컸을까
시골에선 지금에야 씨를 뿌린다는데

철부지도 너무 철부지로구나
씨 뿌리는 망종 절기 한 달이나 먼저
무슨 뱃장으로 싹 내밀고 그리 컸느냐

철부지 손자들 생각나니 귀여워지네
오랜만에 내다보니 한식구 같네
미운 정 이제 고운 정으로 바뀌었나보네

테라스로 나왔네
내 무릎까지 자란 조들 손으로 만져주니
줄지어선 조들도 푸른 잎들 흔들어주네

조들에게 말해주네
그간 본체만체 지낸 거 미안하다고
이젠 탐스러운 조 이삭들이나 안겨보라고

테라스 텃밭의 조(5)

하루가 다르게
우쩍우쩍 자라더니
어느새 내 키만큼이나 자랐네

수수인 줄 아는가
태어날 때도 제 철 모르더니
자랄 때도 하늘 높은 줄 모르는가

하지만 나에게는 기쁨도 준다네
창문 열면 바로 푸른 숲이 생긴 거네
빽빽이 들어선 조의 몸체들 대나무 숲이네

테라스 조들 앞에 나가 앉아보면
대나무 닮은 푸르른 대와 푸르른 잎들은
대나무 숲처럼 푸르른 바람도 불러준다네

고마움까지 느껴지네
농장에나 내려가야 만나는 푸른 자연
바로 서울 내 집 창밖에 생겨났으니

테라스 텃밭의 조(6)

하늘 높은 줄 모르고
키만 키우던 조들 키 크기를 멈추더니
놀래라! 여기 저기 조 이삭들 내미네

어쩌면 이 테라스 조들
이 세상 빨리 왔다 빨리 가는 지혜라도
터득하고 온 것인가

태어날 때 한 달 먼저 싹 내밀더니
한 달 먼저 또 조 이삭 내밀다니
이런 조를 철부지라 시답잖아 했다니

50여 그루 저 조 이삭들
어이 저리 며칠 만에 다들 약속이나 한 듯
이삭 내밀었나

지켜보았네 그리고 또 한 번 놀랬네
조들도 우리네 어머님들처럼 심한 산통 끝에
조 이삭 낳아주는 모성애가 있다는 걸

테라스 텃밭의 조(7)

평온하던
테라스 텃밭의 조들에게도
우리네처럼 삶의 시련이 찾아 들었네

평온하게 초가을 함께 즐기며
이제 한주쯤 더 기다려 수확해 주려는데
참새들의 공격을 받기 시작한 것이네

이삼 일은 보고도 참아주었지만
더 이상은 못 참아주고 철물점으로 가
하늘색 망사를 사다 씌워주네

가을 하늘도 보고 바람도 씌워가며
여물어가는 모습 나와도 마주 볼 수 있는
하늘색 나일론망사로 씌워 준 것이네

참새 떼들 담장에 날아와 앉아 소란 떨며
주인영감탱이 욕을 하는지 재잘거리지만
기특한 조들 지켜 줘야하니 어쩔 수 없네

노인과 멧돼지(1)

연못 옆 산자락 아래
왕밤만 떨어트려주는
올밤나무 한 그루

좌우로 늘 푸른 잣나무 가려
알밤 불어도 아무도 보지 못하고
노인과 멧돼지만 알고 있다네

뒷산의 멧돼지는
한밤중 알밤 떨어질 때
냄새로 알고

밭일하는 노인은
대낮에 밭일하다 바로 옆이라
눈으로 보고 알고

수수이삭 자르던 노인 이 아침
아람 부는 밤송이 보고
올밤나무 밑으로 뛰어가더니

혼자 껄껄 웃어대며 소리치네
이 영특한 멧돼지야
올해도 네가 한발 앞섰구나!

하지만 노인
멧돼지가 남기고 간 밤 껍질 사이
그새 떨어진 알밤 반가워라 줍네

노인과 멧돼지(2)

오늘은
농장 근처 선영에
벌초해 드리러 가는 날

농막에 함께 들른 아들들
예초기 준비 하는 동안
올밤나무 밑으로 뛰어가는 노인

어제 밤에도
멧돼지 다녀갔겠지
허탕 치는 셈치고 와보니

이게 웬 떡!
붉은 왕밤들 벌겋게
나무 밑 여기 저기 떨어져있으니

어쩐 일인가
모래 추석 차례상에 올려드리라
다른 올밤나무 찾아갔나

노인과 멧돼지(3)

연못가 울타리까지 굴러온 알밤 주우려니
노인의 머리에 문득 떠오르는
그날 그 멧돼지 얼굴

바로 이 울타리 너머 연못가에서
농막으로 들어가는 저 건너편 우리 내외를
그 멧돼지가 바라보고 있었다네

눈 마주친 그 순간 하도 놀라
농막으로 뛰어들어 한참 있다가
이젠 갔겠지 하고 혼자 나가 엿보았을 때

또 한 번 얼마나 놀랬던가!
그 멧돼지 아직도 아까 그 자리에 서서
겁먹은 내 눈을 바라보고 있었으니

더 이상 참지 못하고
아랫마을 김노인에게 전화를 하니
얼마 안 있어 들이닥친 119대원과 엽사

탕! 탕! 탕! 엽사의 총소리 듣고 가보고서야
나일론 울타리와 뿌리 뽑힌 복사나무가 이미
그 멧돼지를 잡아놓고 있는 걸 알게 되었다네

노인과 멧돼지(4)

어찌 알았겠는가
그때 그 멧돼지 울타리 넘어오다가
나일론 울타리에 걸리고 복사나무 휘감아

복사나무 뿌리 채 뽑아놓고도 꼼짝 못해
살려 달라 애원의 눈길 보냈던
그 멧돼지의 절박했던 사연을

미안한 마음 전연 없지는 않지만
그렇다고 해서 가서 풀어주다 그 멧돼지
저돌적으로 달려들면 어쩌겠나

다 제 잘못인 걸! 다 제 운명인 걸!
울타리 밖 올밤이나 먹고 갈 것이지
왜 울타리 넘어 고구마까지 탐을 낸 것이냐

총을 쏘고 난 엽사 숨넘어가는 멧돼지에게
미안하다 잘 가거라 하직 인사 해준 것처럼
나도 그쯤 해주는 수밖엔

노인과 멧돼지(5)

복사나무에 휘감겨 가버린
멧돼지도 가엽긴 하지만 애꿎게도
뿌리까지 뽑힌 복사나무는 어쩌나

오랫동안 밭일하며 오가다
이 연못가 복사나무 밑 그늘 찾아
물 속 물고기도 보며 땀도 식혔는데

도대체 그 멧돼지 얼마나 힘세기에
십여 년이나 되는 이 굵은 복사나무
뿌리를 뽑았을까

그리고 가엾게도 가버린 복사나무는
도대체 무슨 전생 나와의 인연으로
멧돼지 제 몸으로 꽁꽁 묶어두었나

혹시나 몇 년 전
멧돼지 들어와 고구마 밭 뒤집고 간 걸
노인 대신 앙갚음 해준 건 아닐까

노인과 멧돼지(6)

멧돼지에게 뿌리 뽑혀 가버린
그 복사나무 살던
바로 그 자리에

다시 심어준 복사나무 한 그루
우쩍우쩍 잘도 자라
지난 봄부터 꽃도 피기 시작했네

이젠
나이 한살 더 들수록 힘도 더 들지만
이 복사나무에 대한 정성은 지극하다네

수시로 먼발치에서라도 잡넝쿨 보이면
얼른 낫 들고 가 주변 잡풀들까지
말끔히 베어준다네

생각할수록
얼마나 고마운 복사나무인가 어쩌면
그 멧돼지, 노인도 헤쳤을지도 모르잖나

노인과 청설모(1)

밭일하다 이따금
먼발치서 바라보는
열 그루 잣나무

어느새 노인 키 서너 배나 자라
우람한 몸체들 머리마다
삐쭉삐쭉 눈길 끌어주는 잣송이들

하지만 저 잣송이들은
심어 길러준 노인에게는
그저 그림 속의 떡일 뿐

임자는 다름 아닌
날쌔기 바람 같은
그 이름 청설모

잣나무 밑에 얼씬거리기라도 하면
날개라도 달린 듯 나타나
비아냥거리기를

뭘 쳐다봐요
심었다고 주인인가 지켜준 게 주인이지
사다리도 못 오르는 노인 주제에!

노인과 청설모(2)

모처럼 찾아온 두 아들들에게
잣나무 열 그루 모두
청설모에게 넘겼다하니

낚시 좋아하는 둘째 아들
제가 가서 릴이나 긴 낚싯대로
따드릴께요

등산 좋아하는 막내아들
제가 가서 긴 사다리 놓고 올라가
또 긴 장대로 따드릴께요

잣나무 소나무 구분도 못 하고 자라
어느새 초로 나이도 멀지않은 아들들
말하는 꼬락서니란

혀를 차며 말해주네
아서라 말어라 내 아들들 다치느니
내 결정대로 하련다

노인과 청설모(3)

청설모들에게 넘겨주었던 잣나무 임자자리
반이나마 건져준 건
노인 동생 덕이였네

근처 선영에서 벌초 끝내고
아침 일찍 꺼내 갔던 예초기
농막 창고에 넣어두고 잠시 쉬고 있을 때

알밤 줍는다고 농막 뒤 오르던 동생
웬 탐스러운 잘 익은 잣송이
대여섯 송이 들고 오기에

놀라워 어디서 주웠느냐 물으니
줄지어선 잣나무 중 한 그루
손끝으로 가리켜 준 것이네

혹시나 하고 줄지어 선 잣나무 밑으로 가
풀섶 헤쳐 가며 살펴보니 이게 웬 횡재!
잣송이 백여 개나 주워온 걸세

잣송이 주우면서 소리쳤다네
청설모들아! 이젠 나무 위에서나 재주껏 따먹고
땅에 떨어진 건 다 내가 임자다!

노인과 청설모(4)

어찌하여 그 오랜 세월
가을이면 이렇게 떨어져있을 잣송이들
왜 전연 모르고 지냈던가

한 십여 년 전 어느 초여름
저 잣나무들 심어준 지 오년 만에
노인 키 배 반이나 커 잣송이들 열렸을 때

풋 잣송이로 담근 술이
몸에 좋고 향도 좋다하여 따서 담가
마시던 그 기억이 지금도 생생할 뿐

십여 년 전부터 열리던 잣송이들
풋 잣송이부터 이미 청설모 밥인 줄 알고
잣나무 근처에는 얼씬도 안 해왔더니만

오늘 이 무슨 횡재인가 잣송이 힘겹게 들고
농막으로 돌아오는 저 노인 기고만장
또 한 번 청설모들에게 소리치네

네놈들은 나는 놈들이니 달린 거나 먹고
난 사다리도 못 오르는 겁쟁이니
잣나무가 떨어트려준 건 넘보지 말라

노인과 청설모(5)

서너 번이나
농장에 내려올 때마다 기고만장
잣나무 밑으로 가 열 송이씩이나 줍던 노인

오늘은 웬일일까
오늘도 열 송이 이상이나 되는데
보기만하고 그냥 두고 농막으로 들어가니

지나친 욕심 버린 것이네
그간 양식으로 살아가던 청설모들에게
미안한 생각도 들고

잣송이 까 본 적도 없어 엄두도 못 내고
그간 주워 모은 잣송이들 어찌하나
농막 창고에 두고

도대체 저 청설모들
무슨 재주로 저 잣알들 까 입에 넣는가
오늘도 그저 부러워하고만 있다네

노인과 고라니(1)

일주일에 두어 번씩
새벽 전철 타고 농장에 도착하면
배낭 멘 채 궁금한 마음으로 둘러보는 건

다름 아닌 울타리 안 밭
밤새 고라니 안 들어왔나
콩이며 채소며 다른 곡식들 안 망쳐놓았나

그래도 안심 못하고 농막에 배낭 내려놓고
또 낫 찾아 들고 울타리 한 바퀴 돌며
울타리 기어오르는 덤불들 잘라가며

뚫다만 구멍 두 눈으로 직접 확인하면
또 한차례 열불 올리며 들고 간 철사로
구멍 막아주고

전생에 고라니와 무슨 악연 깊기에
서울집에서는 시詩 속에서 미워하고
농장에서는 밭에서 미워하고 푸념하다가도

혼자 껄껄 웃으며 자신에게 지껄인다네
복 많은 사람 복에 겨운 소리하네
그일 아니면 할 일 뭐 있기라도 하나

노인과 고라니(2)

엊그제 내려와 심은
강낭콩 감자싹들
벌써 얼굴들 내밀기 시작했고

또 모레는 막내아들과
열두어 가지 모종들 사다가
심기로 했는데

어쩌나! 저 두 개의 울타리 문
나일론망사로 만든 어설픈 저 문
겨우내 다 망가져버렸으니

얄미운 고라니들
제 집처럼 드나들며
밭갈이한 밭들 다 망쳐 놓을 텐데

궁리 끝에 생각해낸 건
전노인 관리인으로 일할 때
강아지 울타리로 쓰던 철조망

철조망 문 만들고 있자니
전노인 생각나네
삼십 년 긴 세월 술잔 나누던 그 분

노인과 고라니(3)

하필이면
고라니가 밤새 뚫어놓은 울타리 구멍
열불 내며 다시 막아주고 있을 때

고라니 한 마리 산 쪽에서 나타나
아랫마을로 내리달리다가
다시 산 쪽으로 치달리더니

이번에는 두 마리가
먼발치 산자락을 달리다가
다시 산 속으로 사라지네

웬일일까? 좀처럼 눈에 띄지 않고
산 속에서 숨어 엿보다가
우리 내외 떠나면 내려오던 놈들이

하지만 알만도 하구나
맘 놓고 드나들던 비밀통로 막는 걸 보고
제 짝 불러 보여주며 먹을 걱정한다는 걸

깨소금 맛이다 놈들아!

그러게 내 늘 소리치지 않았느냐

반씩만 남겨줘도 이리 모질지는 않겠다고

노인과 고라니(4)

자 이젠 네놈들 차례다
네놈들 재주 다 부려
어디 들어와 봐라

나로서는 이제 최선을 다했다
나일론 울타리를 겹으로 둘렀고
철사 줄도 위 아래 빵 둘러쳤다

강철보다 더 강하다는
나일론 줄도 뚫고 들어온 네놈들이니
어디 그 이빨로 철사 줄도 끊어봐라

미워하기에도 이젠 지쳤다
측은지심도 버린 지 이미 오래다
그러기에 마지막 최선을 다한 것이다

놈들아 여지까지는
콩과 팥 고구마만 먹어치우더니
어쩌자고 안 먹던 고추모종까지 먹느냐

자 이젠 네놈들 차례다
울타리를 뛰어넘어오던
땅 파고 들어오던 그건 네놈들 맘이다

노인과 고라니(5)

철물점에 들러
빨간 나일론 테이프 두 묶음이나 사들고
농장으로 내려왔네

전번에 나일론 울타리 겹으로 치고
철사 줄로 또 아래 위를 둘러치고 나서
자신만만 큰소리치던 내 체면 구겼네

아 글쎄 고라니란 놈들
또 이젠 기어오르는 덤불들이 늘어트려
낮아진 울타리를 훌쩍 뛰어 넘어 왔다네

고라니에게 졌으니
약속대로 농사 일 그만둘까 하다가
그만두면 또 무슨 재미로 지내나싶어

궁리 끝에 이 빨간 나일론 테이프로
저 울타리 키를 막대로 높이고 빵 둘러쳐
놈들 겁도 먹고 못 뛰어넘게 하려는 거요

승리에 기고만장하던 놈들
지금도 저 산 속 어디선가 내려다보며
치사한 저 노인 또 뭘 하나 궁금할 거요

올해 들어 65번째 농장 행(1)
– 혼자 가는 농장 길

아내가 준비해준
미역국에 밥 한 술 뜨고
집을 나서네

아내는
모처럼 혼자 떠나는 남편 걱정하며
현관마당까지 내려와 보내주네

아직도 어두운 새벽
전철역까지 걸어가는 혼자 가는 길
어찌 이리 허전할까

하지만 어쩌겠는가
영국 가서 살고 있는 며느리와 두 손주
일 년 만에 오늘 다니러 온다는 걸

올해 들어 65번째 농장 행(2)
– 아버지감나무

도착한 농장 주변은 짙은 안개로
둘러싼 산이며 저 아래 강이며
온통 보이지 않네

혹시나 저 안개 속 어디선가
멧돼지라도 숨어 엿볼까 겁이나
산쪽 찔레 열매는 나중에 따기로 하고

농막 앞
아버지감나무 먼저 찾아
감을 따기로 했네

붉게 물든 감잎들 사이
곱게 물든 노란 감들
어서 따가라 반겨주네

가위 달린 긴장대로
두 서너 개 씩 달린 가지들 잘라 내리니
나무 밑 풀섶 위에는 노란 감들 수북하네

끌고 간 손수레에 주워 담고 나서
심어주고 가신 아버님께 인사드리네
아버님 고맙습니다!

올해 들어 65번째 농장 행(3)

– 잣송이 6개

아버지감나무에서 감 따고 나서
아침 안개 걷히기 기다리며
농막에서 기다리는데

농막 바로 옆 줄지어선 잣나무들
어서 와보라 눈길 끌기에
혹시나 하고 가보니

네 그루 중 한 그루 밑에 또
굵은 잣송이 여섯 개나 떨어져
기다려주고 있네

웬일인가
그리도 밉던 청설모
걱정되다니

잣나무 올려다보며 물어보네
주인 행세 하던 청설모가족
내가 미워 이사라도 했느냐

올해 들어 65번째 농장 행(4)
– 찔레열매 따면서 찔레꽃 노래를

아침 안개도
말끔히 걷혀
찔레열매 따러 뒷산 쪽으로 올라가네

한 주일 전
아내와 따간 찔레열매 모자라
술항아리마저 채워 줘야하네

긴 장대 낫으로 잡초들 베어 길 내가며
어디들 숨었을까
둘러 살펴보니

바로 가까운 덤불 위
부채모양 붉은 찔레열매들
어서 오라 불러주네

들고 간 바구니 찔레 덤불 밑에 놓고
찔레열매 달린 끝가지들 전지 가위로
톡톡 잘라 넣으니

노래 가락 흘러나오네
찔레 술 담그기도 전에 술이라도 취한 듯
흘러간 찔레꽃 노래 흘러나오네

올해 들어 65번째 농장 행(5)
– 연못가 감나무

접혀져있던 사다리 배로 늘려
감나무 밑동 위 굵은 가지 사이에
단단히 세워 놓고

높은 가지 위 감들마저 따려고
사다리 막 오르려할 때 나타난
아랫마을 젊은이

할아버지!
감나무는 약해서 잘 부러져요
위험해요

어찌 알았을까 저 젊은이
내가 겁 없이 감 따려는 걸
함께 못 온 아내가 전화한 걸까

젊은이 말 고마워
사다리 다시 접어 두고
얕은 가지 감 서너 개 따고나서

뒷산 까치들 보고 소리쳐주네
저 꼭대기 감들은 모두 너희들 거다
젊은이한테 고맙다 해라

올해 들어 65번째 농장 행(6)
– 애호박 세 개

자두나무 뒤 호박밭으로 가네
새벽 집을 나설 때 아내가 한 말이
생각났기 때문이네

오늘 저녁 일 년 만에 다니러 오는
셋째아들네 식구 식탁 위에
올려줘야겠다는

호박이 있을 수 없는데
잘라내도 끝없이 뒤덮는 환삼덩불에
호박넝쿨 남아난 게 없는데

시름시름 맥 못 추는
살아남은 서너 넝쿨 들춰보니
희한도 하네! 잘 생긴 애호박 세 개

하도 기뻐 아내에게 전화하네
당신은 먼 곳까지 보는 도사냐고
나도 몰랐는데 어찌 알았냐고

올해 들어 65번째 농장 행(7)
- 넝쿨 콩 꼬투리 세 개

손주들 맞으려
함께 못 온 아내
저리도 궁금한 게 많은가

넝쿨콩 그새 어찌 됐나
서너 꼬투리 따오라
전화까지 하다니

한데 참 신기도 하지!
부부일심동체라 그런지 벌써
호주머니에 따 넣고 있었으니

올해 들어 65번째 농장 행(8)

– 고무장화와 아내의 마중

시골 전철역 승강장에 이르러서야
내 두 눈을 놀래게 해주는
신고 있는 고무장화

하! 이런!
등산화 간데없고
일하다 그대로 신고 온 고무장화

어쩌나
서울 전철역에서 내려
집까지 걸어가는 길

오가는 행인들 짊어진 배낭 보고
저 노인 장화 신고 등산 가나
이상타 할 텐데

생각 끝에 아내에게 전화를 해서
오늘도 결국 집으로 가는 길은
부부동반 농장 행 되었네

올해 들어 65번째 농장 행(9)
– 두 손주 할아비 시화 읽어주네

짧기도 했고
길기도 했던
오늘 하루 마무리

일 년 만에
멀고먼 영국에서 다니러온
셋째아들네 식구들이 마무리해주네

십삼 년이나 외국 가 살고 있는 손주
우리나라 말 서툴지나 않을까 걱정에
벽에 걸린 할아비 시화 읽어 달라하네

할아비가 쓴 시〈아버지감나무〉
손녀딸 또박또박 잘도 읽어주네
손자도 제 누나 따라 잘도 읽어주네

두 손주의 증조할아버지께서 심어주신
감나무 지난 이야기도 들려주니
농장 행 하루 피곤도 말끔히 가셔지네

나의 시는 나에게(1)

나의 시는 나에게
행복의 시는 먼 곳에 있지 않고
내 집에 있다 합니다

그리운 얼굴들 추억 속에 있지 않느냐고
반겨주는 얼굴들 바로 옆에 있지 않느냐고
행복은 하루하루 내 삶 속에 있지 않느냐고

행복의 파랑새 찾으려 헤매다
집에 와서야
찾았다는 이야기

어려서 집 잃은 동자승도 큰스님 말씀대로
신발 거꾸로 신고 반기는 어머니 찾아 헤매다
결국 집에서 찾았다는 그 이야기

읽고 들어 알지 않느냐고
먼 곳 찾아 헤매지 말고
집에서 주변에서 찾으라고요

나의 시는 나에게(2)

나의 시는 나에게
마음을 비우라 합니다 그래야
그 자리에 들어올 수 있다고

마음 속
욕심으로 가득 차 있으면
들어 올 자리가 없다고

마음을 비워준다 하더라도
나에게 줄 수 있는 건
뒤엉킨 설렘과 좌절뿐이라고

나의 시는 나에게(3)

나의 시는 나에게
함께 한 세월 길고도 길어 그런지
사랑의 잔소리까지 들려줍니다

이른 봄 과수원의 가지치기 할 때면
아픈 가지들 그리 모질게 잘라내면
매실나무들 얼마나 아프겠냐며

한여름 콩밭고랑의 잡초들 뽑아낼 때면
살려고 나온 생명을 그리 모질게 뽑을 때
미안하다는 말이라도 하라고

초가을 무 배추 잎 숭숭 갉아먹는 벌레들
분무기 들고 와 농약 뿌려 쫒을 때는
같이 나누어 먹을 수는 없느냐고

참착한 나의 시!
나의 모진 마음 풀어주는 나의 착한 시!
안 들어 줄 수도 없어 시늉만은 해주지요

나의 시는 나에게(4)

오늘도 농장으로 달리는
새벽 전철 차창 밖 내다보며
걱정에 싸여있지요

고라니 또 울타리 넘어오지 않았을까
멧돼지 또 울타리 밀치고 들어오지 않았을까
들어와서 콩이며 채소밭 뒤엎지 않았을까

잠시도 떨어지지 않는 나의 시는 나에게
걱정도 팔자라더니 또 시작이냐
핀잔을 주지요

울타리 쳤으면 최선을 다한 것 아니냐며
저들이야 먹고 살려고 그러니 미워하지 말라며
자기에게는 노후 소일거리 아니냐며

오히려 고맙게 여기라고
나이 든 몸에 이기려는 활력소도 얻고
머리 회전 속도도 늘려 치매 걱정도 덜어주고

참착한 나의 시!
내 걱정도 해주고 용기까지 불어넣어주다니!
이러하니 내 어찌 내 시를 멀리할 수 있겠나요

나의 시는 나에게(5)

늦가을 이맘 때가 되면
나의 시는 나에게 나의 아내처럼
사랑의 잔소리 더 심해지지요

농막 지붕 덮은 참나무 가지에서 떨어져
앞마당에 굴러 떨어지는 도토리 주우려면
다람쥐 먹게 산으로 던져 주라하지요

농막 뒤 도랑 건너 왕밤나무 밑으로 가
굵기도 굵은 알밤 주우려면
멧돼지 밥이니 그냥 놔두라하지요

잣나무 밑으로 가 풀섶 헤치며
잣나무가 떨어트려준 잣송이 주우려면
청설모가 떨어트린 건데 왜 줍느냐 하지요

참착한 나의 시!
욕심 많은 나에게 자비심까지 깨우쳐주다니!
고마운 마음에 시늉만은 꼭 해주지요

나의 시는 나에게(6)

나의 시는 나에게
그리운 얼굴 그리워질 때면
그리운 그 얼굴 불러주지요

불러주면서
그리운 그 얼굴들
시 속에 담게 해주지요

유년 시절
젊으셨던 백모님 어머님 당숙모님
디딜방아 찧으시던 얼굴들 보여주고요

고향 떠나 멀고먼 청진 가 살 때
누나 따라 집 앞 둑길가 바라보던
동해 푸른 바다 모습도 보여 줍니다

학창 시절 사업 시절
어느 그 누구도 그리워질 때면
그리운 그 얼굴들 떠 올려주지요

오늘은 부모님 그리워
창밖 불암산 너머 고향 하늘 바라보며
부모님 모습 시詩 속에 담고 있습니다

설경雪景 속 1박 2일 여행(1)

가족 여행 떠난다는 날 이 새벽
창문 열고 내다보니
눈발 날리네

설마 눈이 많이 오랴하고
수정하던 초고草稿 마무리하고
또 창문 열고 보니

저를 어쩌나!
눈발은 그새 폭설로 변해
테라스 바닥 하얗게 덮어버렸네

어두운 밤하늘
가득 찬 눈송이들도 등불에서
저리도 기세를 돋구고 있네

아들 며느리 손주들
아침 10시쯤 다 온다고 했는데
저 눈 속 어이 떠날 수 있겠나

아무래도 아니 되겠네
날 밝으면 아내와 셋째아들에게
오늘 여행 가지 말자 해야겠네

설경雪景속 1박 2일 여행(2)

날이 밝았네
먼 나라 영국에서 온 셋째아들 잠 깨어
창밖 테라스에 쌓인 눈 보고 놀라네

아내도
아들 잠깬 기척에 잠 깨어 마루로 나와
하늘 가득 찬 눈송이 보고 놀라네

아니 저럴 수가!
불암산 수락산도 설산 되었네요
모자母子간 이구동성이네

아비 생일이라고
다니는 회사 별장까지 예약하고 온 아들
실망스러운 얼굴이네

껄껄 웃으며 아들에게 말해주네
하루하루가 애비에겐 생일인데
생일이 뭐 그리 대단하냐

우리 오늘 집에서
가까운 시장에 가 장어나 사다가
눈 쌓인 창밖이나 내다보며 즐기자꾸나

설경雪景 속 1박 2일 여행(3)

분명 전화를 했는데도
아들네 식구들 눈 털며
현관문 들어서네

거리마다 제설작업해서
내리는 눈도 다 녹아버린다고
빨리 떠나자고

손주들 저리 좋아
마당 눈 위에서 뛰놀고 있다고
아들들 아비 팔 잡고 재촉하고

멀리서 예약까지 하고 온
셋째아들 체면 봐서라도 떠나자고
며느리들 시어미 팔 잡고 재촉하고

어쩌겠는가 떠나주는 수밖에
첫째와 막내아들 차에 나누어 타고
눈 속 여행길에 올라서게 되었네

가다가 정 위험하면
다시 돌아오는 일이 있더라도
일단 떠나보기로 하였네

설경雪景 속 1박 2일 여행(4)

오가는 차량마다
눈 더미 이고 가네
도심외각으로 벗어날수록 눈 세상이네

서서히 움직여주는 차창 밖
펼쳐지는 산이며 들이며 모두가
온통 하얀 눈 세상이네

펼쳐지는 들과 들의 저 하얀 카펫은
보이지 않는 선녀들의
무도장인가

펼쳐지는 산과 산의 저 나무들 눈꽃은
천년바둑 두던 산신령들
술잔 들며 바라보는 설경인가

오염으로 찌들어가는
이 지구를 내려다보며 토해내는
저 하늘나라 하나님의 한숨인가

서서히 움직여주는 차량 덕분에
난생 처음 오랜 시간 설경 속에 빠져
귀여운 손주들과의 이야기도 잊어버리네

설경雪景 속 1박 2일 여행(5)

차창 밖
하얀 눈 세상이
지난날 하얀 눈 추억까지 불러주네

유년시절 6살 되던 해
아버님 직장 따라
멀고먼 청진역에 도착한 그날 아침

기차정거장 주변에
허리까지 쌓였던 눈과
멀리 바라보이던 그 설산

중년시절
얼음낚시 갔다가
80년 만의 단기간 기록적인 폭설로

얼음 구멍 뚫다말고
집까지 1시간 반 거리를
7시간이나 걸려 돌아온 그때 그 눈길

집으로 돌아오는 버스차창 밖
눈 덜 덮인 논바닥 벼 집단 위에 몰려
눈 그치기 기다리던 그 대머리독수리 떼들

설경雪景 속 1박 2일 여행(6)

그 어느 화가인들 저리도
섬세하게 그려 놓았을까
마른 잔가지들과 솔잎까지도 하얀 눈으로

그 어느 시인인들 저리도
따스한 마음으로 저 산과 들판
구석구석 배려한 작품 완성할 수 있을까

한바탕 쏟아 부어 휘저은 것만으로도
인간으로서는 흉내 엄두도 못 낼
저 무변광대한 일필휘지一筆揮之

얼마나 다행스러운 일인가
오늘 눈 겁내고 떠나오지 않으려다
아들며느리 말 듣고 따라와 보는 경이로움

잘났다 떠들어대야
얼마나 못난 것이냐
풀 한 포기와 왔다가는 건 매한가지인 걸

설경雪景 속 1박 2일 여행(7)

2시간 거리
5시간도 더 걸려 목적지 근처에 도착
아들이 예약한 음식점으로 가려고

국도를 벗어나
간선도로 들어서 비탈길 오르려다
멀찌감치 음식점 보고도 오르지 못하네

간선도로
계속 내리는 눈으로 뒤덮여
밭인지 논인지 구분할 수 없기 때문이네

다시 국도 위로 간신히 올라서
허기를 참고 목적지로 달려야하는
우리 식구들

계속해 내리는 눈
허기진 우리 식구들 배려해주지 않아
결국 목적지로 계속 달려야했네

금강산도 식후경이란 말 실감나네
손주들 배고파 하는 얼굴들 보니
설렘주던 설경도 원망스러워가네

설경雪景 속 1박 2일 여행(8)

설경 속
길고긴 여행길 헤치며 드디어 도착한
강원도 평창 어느 산장

대형 마루에 들어서니
따뜻한 실내 온도와 함께
잘 정돈된 주방과 벽난로가 맞아주네

동쪽 대형유리벽 밖으로는
눈 덮인 드넓은 골프장과 스키장산이
눈부신 설경으로 반겨주네

너무나 아름다운 유리벽 밖 설경에
우리 식구들 모두 피로도 잊고
기쁨의 탄성 부르네

설경雪景 속 1박 2일 여행(9)

인생길
8순 고개 올라선 생일기념으로
눈길 속 함께 와 준 가족들 보니

불현듯
떠오르는
지나온 나의 80년 세월

유년 시절
학창 시절
저리도 가물가물 내려다 보이고

청장년 시절
끈질기게 버텨온 사업의 길
아직도 가슴 아프게 내려다 보이고

환갑 나이부터 시작한
자연과 시와 함께한 나의 농장 시절
어느새 20년 세월

걸어온 인생길 어이 이리도 짧은가
아침 눈 속 헤쳐 온 오늘 하루나
별 다름 없이 생각되니

설경雪景 속 1박 2일 여행(10)

아들들이
정해준 방으로 들어와 잠시 쉬면서
티브이로 눈 소식을 보고 있을 때

대청마루에서
떠드는 소리에 나가보니
아들들 넷 주방에서 음식 만드네

눈길 차 몰고 근처 마트 찾아가
음식재료 사다가 요리사들 되어
늦점심 준비하느라 바쁘기도 하네

아내와 며느리들 손주들은
붉은 등불 켜기 시작하는 스키장산을
창밖으로 내다보고 있네

참 착한 아들들!
오늘 하루만이라도 쉬게 해주려
피곤한 아내들 배려해주다니

설경雪景 속 1박 2일 여행(11)

새날이 밝았네
밤늦게까지 이야기 나누던 네 아들들
벌써 일어나 주방일 시작하네

스키장 산마루에
붉은 해 솟아오르네
어둠 속 잠자던 흰 눈도 제 모습 찾았네

대청마루 바로 밖 쌓인 눈 내다보다
눈 위에서 반짝이는 별들 보고
나는 놀라네

밤새 놀러 내려왔던 별들
노는데 정신들 놓아
미처 하늘나라 오르지 못했나

이 나이 되기까지
먼발치 설경이나 보여주더니 오늘에야
눈앞 눈부신 눈별들 보여주는구나

설경雪景 속 1박 2일 여행(12)

새벽 일기예보에
오후부터 또 눈이 많이 온다하니
서둘러 떠나기로 했네

다들 아쉬워
모바일 속에 설경들 넣고 있네
오늘의 이 설경 간직하려 사진들 찍네

눈 쌓인 드넓은 골프장 들판이며
눈 쌓인 우뚝 솟은 스키장산이며
먼 훗날까지 간직하려 담아넣고 있네

나 또한 잊지 않고
대청마루 유리창 밖에 쌓인 눈 위
아직도 반짝이는 별들을 담았네

설경雪景 속 1박 2일 여행(13)

아들들
애비 마음 어이 이리 잘 알고 갈 때와 달리
집으로 가는 길은 농장 근처 국도로 잡았나

그러지 않아도
봄여름 늦가을까지 오르내리는 농장
먼발치서나마 보고 싶었는데

식구들 점심 먹고 갈 음식점을
농장 근처로 정하고 눈길 달려
애비 마음 기쁘게 해주는구나

하얀 눈 뒤집어쓰고 있는
저 농장 둘러싼 산 보이는구나
얼어붙은 저 눈 덮인 강도 보이는구나

입춘도 벌써 지났으니
우리 서로 만날 봄날도 머지않았으니
농장아 농막아 조금만 더 기다리거라

설경雪景 속 1박 2일 여행(14)

걱정했던
일기예보대로
귀갓길 눈발 기세를 돋구어가네

하지만 이제 집까지 거리
30여 분밖에 안 남았으니
걱정이 없네

제 아무리 눈발 거세어져도
도심에 들어선 이상 내려갈 때처럼
길 막힐 일 없을 것이네

오히려 고맙기도 한 눈!
갈 때는 산과 들의 눈 세상
올 때도 하늘 메운 눈 세상

나의 설경 속 1박 2일 짧은 여행이지만
길고 긴 설경 속 여행으로 끝까지
마무리해주고 있으니

설경雪景 속 1박 2일 여행(15)

설경 속 여행에서 돌아와
가까이 살고 있는 세 아들네 식구들
제 집으로 다들 보내고

내일이면 또 본사로 내려가 일하고
먼 나라 영국으로 떠날 셋째아들과
이야기 나누네

작년 네 엄마생일에는
동해바닷가로 가서
바다구경 실컷 하고 돌아왔는데

오늘 네 애비생일에는
산골짜기 눈세계로 가서
눈 구경 실컷하고 돌아왔다고

어느새 애비 나이
80이 되었는지 모르겠다고
하지만 부러운 게 없이 행복하다고

지난해 바닷가 여행처럼
이번 여행도 시 속에 담아
다음 올 때 보여주겠다고

10부

분홍새

분홍새

지난 봄 아내와
숨죽이며 내어다보던
테라스 담장 위 그 분홍새

알고 보니
파랑새 데려왔네
무지개도 데려다 주었네

창문 앞에 서면
눈앞에 나란히 솟은
두 개의 예쁜 건물들

어느 숲 속 둥지에서 날아와
미리 보여주고 갔느냐
고마운 분홍새야

서설瑞雪

새로 올린 두 지붕 위에
지난밤 사이
눈이 내려쌓였네

저 두 건물 태어나
처음으로 흰 눈 이고 있는 모습
눈이 부시네

바라보는 마음 이리도 편하니
지난밤 새 내린 저 눈
축복의 서설일 터

흰 눈 이고 있는
파랑새야 무지개야
품어오던 꿈 활짝 펴주기를

인고忍苦의 꽃 세 송이(1)

근처 마을공원에 서서
형제들처럼 나란히 서있는
건물 셋을 바라보네

좌측 15년 전 지어 살고 있는 효봉
가운데와 우측 건물은 며칠 후 완공 될
무지개와 파랑새

지어준 이름만큼이나 예쁘구나
지어준 이름만큼이나 대견하구나
늦게나마 이루어진 인고의 꽃 세 송이

젊은 시절 두 번이나 파산하여
집도 절도 없이 5일 장터 헤매던
못난 남편 원망 않고

허허벌판이던 저 땅 위에 천막 치고
스웨터 공장 운영하느라
곱던 젊은 모습 다 지워진 아내여

하지만 오늘만은 내 옆에 서서
함께 바라보는 당신 얼굴은
저 꽃 세 송이만큼이나 눈부시다오

인고忍苦의 꽃 세 송이(2)

인고의 꽃송이
눈물겨워라
가슴 속 애잔한 물결이네

지나온 40년 고통의 세월
안개 속에 숨어 엿보다
세 송이 꽃으로 피어났네

저쪽
파랑새 건물 터에는
호박넝쿨로 뒤덮여있었지

이쪽
효봉 건물 터에는
서너 마리 개들이 집을 지켰지

이 가운데 무지개 건물 터에는
천막이 쳐있었고 그 안에서는
기계 돌아가는 소리 요란도 했지

허허벌판 이 공장터
하늘도 눈물겨워 피워준
인내의 꽃 세 송이

인고忍苦의 꽃 세 송이(3)

저 인고의 꽃 세 송이에서
아버님 얼굴 내미시어
웃고 계시네

꽃송이 보면서 누군가를 그리워하면
그 얼굴 나타난다더니
아버님 나타나셨네

어깨를 나란히 늘어선
효봉과 파랑새 그리고 무지개 위에서
얼마나 기쁘시면 저리도 활짝 웃어주실까

며느리가 운영하던 이 천막 스웨터 공장에서
긴 세월 주야로 머물고 계시면서
지켜주신 아버님

그 공장 지켜주시다 그 공장 문 닫자
너무 아쉬워하시다가
1년 후 돌아가신 아버님

늦게나마 핀 인고의 꽃 세 송이
저 하늘에서 내려다보시다 내려 오시어
웃고 계신 그리운 아버님

문종환 시집 평설

감성의 시학과 매혹적魅惑的 변명

- 문종환 시인의 서정의 일상과 ≪지족知足≫

엄창섭(관동대명예교수 · 김동명학회 회장)

1. 공간적 해명과 생명의 교신交信

생명의 본말에 보다 접근한 시인의 맑은 시혼과의 교감交感은 일상의 감동을 회복하는 심적 치유治癒의 역동성을 지닌다. 까닭에 지상에서 9,550년, 최고의 수령壽齡을 자랑하는 스웨덴 들라르나 산악의 가문비 나무(Norway Spruce)처럼, 생명의 기호로 허락된 삶의 시간대를 일관되게 시 쓰기에 열중하며, 높은 가지 끝에 차오르는 물의 강인성과 자연의 이법을 거역하지 아니하는 겸허한 생리로 '사랑, 화평, 감사'라는 건강한 언어의 심연과 만나 상처받은 영혼을 치유(healing)하여 한순간의 분노마저 정화시키는 경건한 존재와의 만남은 더없이 소중하다.

일단, 순수성이 변질되어 미적 주권의 확립이 힘겨운 현상에서, 맑은 영혼과 따뜻한 감성의 소유자로서 담백한 시격詩格을 지닌 문종환文宗煥 시인은, 경기도 양평 태생으로 한때 선일무역과 효봉무역주식회사의 대표이사를 역임한 비교적 성공한 중견기업인이다. 그의 시집으로는 339편의 적지 않은 분량의 시편을 탄탄하고 견고한 성채城砦인 양 체계적으로 수록한 『지족知足』을 포함하여 지나쳐온 삶의 여적을 회감會減한 『인생의 주름에 접혀진 꽃잎들』, 『어머님의 창窓과 시詩 속에 잠재운 아내와 나의 시골농장』, 그리고 소소한 일상적 교시敎示를 담론으로 처리한 미셀러니적인 수필집 『인연이 꽃피는 나무들』을 묶어낸 존재감을 지닌 문인이다.

일단, 화자(persona)의 두 번째 시집인 『지족知足』의 자서격自序格인 〈서문序文〉에서 "환갑 나이 들어서 지족知足의 세 가지 가르침을 따르기로 작심하고 40년 힘들여 걸어오던 수출무역 외길의 결과에 만족하며 과감히 벗어났고, 욕심을 버리니 비운 마음 되어 고교시절 좋아했던 시를 다시 만나 제2의 시詩와의 인생人生길로 접어들었으며, 분수를 지키다보니 안개 속에 가려 안 보이는 시어詩語들이나 읽을 수 없는 저 하늘 밖 허공 속 시어詩들은 엄두도 못내 거들떠도 보지 않으며 그저 눈앞에 펼쳐지는 행복한 삶의 현장現場 속 시의 요정들만 사랑하고 즐기며 지내왔다."라고 힘겹게 세월의 격랑에 밀리면서도 때로는 삶을 탐닉하며, 생명의 씨앗을 파종하는 농부의 보폭으로 슬로라이프(slow life)적인 '미끄러짐의 시학'을 되뇌고 있다.

그 같은 맥락에서 오유지족吾唯知足의 사전적 의미는 '나는 오직 만족할 줄 안다.'이다. 다시 언급하면 타인과 비교하지 말고, 현재의 자기에 만족하라는 것이며, '내가 만족하면 더이상 바랄 것이 없다.' 까닭에 우리는 생산적인 정신작업의 종사자인 문종환 시인이 '어떻게 시적 상상력을 확장시켜 나갈 것인가?'라는 물음 앞에 고뇌하면서, 마리아 릴케의 "시는 체험이다."는 시론에 입각하여 일상성의 시에 순수 서정성을 일관되게 담아낸 점은 높이 평가할 바다. 어디까지나 진정한 행복이란, 삶의 뿌리인 혈연血緣과 일(직업)을 중심축으로 한 『지족知足』은, '순리를 거역하지 아니하고 오직 한순간 그 자신이 누리고 소유한 것에 보다 만족하는 것이라는 지속적 일깨움'은 역동적이고 생명적임에 틀림이 없다.

이와 같이 궁핍한 일상의 처소에서도 그 자신이 철저한 수분守分의 철학으로 일체의 망설임 없이 허락된 삶을 즐기며, '영혼이 자유로운 바람처럼 꽃향내 묻어나는 식물성언어'로 일관성을 지켜내며, 지극히 역동성과 생명감 넘쳐나는 그의 '공간적 해명과 생명의 교신'은 그 나름의 '세밀한 투사投射의 절정을 극명하고도 치열한 시 정신을 매혹적으로 꽃피운 결과물이기에 더없이 의미와 가치를 지닌다.

논의에 앞서, 허드슨(W.H.Hudson)이 "시는 상상과 감정을 통한 인생의 해석임"을 지적하였듯 충직한 한 사람의 독자인 우리가 그의 시편을 통해 확인할 수 있는 것은, "그 어느 소중한 분 맞이하기에/송이송이 꽃송이마다/이리도 곱게 몸치장 했나요//알면서도 모른척하시긴!/당신과의 인연 때문에/해마다 이맘때면 찾아오는 걸(序詩-삼색 함박꽃)"이나 또는 "동그랗게 둘러싼/아들 며느리 손주들/열다섯 꽃송이 모두 행복한 함박꽃웃음//두 내외 사는 이 집/결코 외로움을 타지 않는 이유는/늘 함께하는 함박꽃웃음 때문이에요(함박꽃웃음-가족사진)"와 같은 생명처럼 소중한 혈연이 존재의 뿌리인 '두 내외 사는 이 집'을 축으로 가족사의 터전을 결속시킨 일에 기인한 까닭에 '함박꽃은 비에 젖어도 '꽃의 향기=함박꽃의 웃음'은 비에 젖지 않는다.'는 논리의 타당성이 다시금 입증되는 일이다.

이처럼 본질적인 견고한 고독 앞에서 생명외경심을 작동하다가 끝내 "그것 때문만이 아니라 하기에/그러면 잃어버린 꽃봉오리 불쌍해 그러느냐/잘려진 반쪽 얼굴 상처 모진 꽃샘추위가/아프게 해 그러느냐 물었더니(목련나무의 슬픔)"로 회귀回歸하다 못내 신선한 충격을 교시敎示한 제2시집은 "제1부 함박꽃웃음, 제2부 손녀딸과 가야금, 제3부 내리사랑, 제4부 시가 나를 멀리한다면, 제5부 행복샘터, 제6부 강낭콩, 제7부 지족知足, 제8부 종심소욕불유구從心所慾不踰矩, 제9부 연작시連作詩, 제10부 분홍새"로 편집이 짜임새 있게 구성되어, 낮은 산자락이 푸름에 젖는 이 생명의 계절에 천재일우의 기회로 연緣이 닿은 그의 시적 행보는, 모처럼 평자와의 오랜 해후邂逅는 결코 우연이 아닌 의미 있는 합일로, 알맞고 따뜻한 정신기후의 조성에 의한 눈부신 존재의 꽃을 피워내는 행위에 잇닿음으로 새삼 확인될 것이다.

2. 시적 공간의 확장과 심상의 표출

그 나름으로 시대적 소임을 엄숙하게 수행하는 정신작업의 종사자들은 비열한 이기주의로 치닫는 치열한 경쟁 속에서 건강한 역사인식과 문화에 대한 안목의 확장은, 공동체 인식의 타당성은 물론 밝은 미래를 위한 최소한의 가치를 지니기에 이 같은 행위에는 주저함이 없어야 한다. 특히 시인에게 있어 깊은 사유와 언어의 집짓기는 때로는 삶의 구조에 해당하기에 사물의 응시와 자아회복을 가시적 이미지로 극대화하는 문종환 시인의 『지족知足』은, 초연한 자신의 삶과 현실을 접목시키려는 미학적 도전으로 정신적으로 궁핍한 우리네 삶에 따뜻한 감동을 회복시켜주는 동기를 부여한다. 까닭에 주의 집중하여 서정시 쓰기가 각별히 힘겨운 시간대에 감성에 의한 시적 상상력을 확장시켜, 육화肉化되어 존재하는 대상에도 시선을 외면하지 아니한 눈물 묻은 정한情恨과 작위作爲는 다시금 감사할 일이다.

이 땅의 어느 시인보다 오랜 날 '시적 공간의 확장과 심상의 표출'을 지속적으로 조망眺望하면서, 생명감 충만한 기대 이상으로 '빛으로 가득하고 열려오는 세상과 아름다운 날'을 위하여 깊은 밤, 바람 앞의 고뇌는 가슴을 저리게 할뿐더러, 미적주권을 확장하기 위한 지난至難한 화자의 '몸의 시학'은 품격이 고매한 천성적 시인임을 입증하는 결과물이다. 따라서 그만의 시적 거리는 낯설거나 거부감이 없이 친근한 속성을 지니기에 즉물

적 현상인 물아일체物我一體에 촉감을 전도顚倒시켜주는 상승작용은 새삼 놀랍다.

바로 그 점은 "치열한 전쟁 중에 잠시 투구를 벗어 놓고 하나님께 눈물의 기도를 드린 순간이 가장 행복한 시간이었다."라는 나폴레옹의 고백처럼 "얼굴 주름은 늘었어도/당신은 저 백자항아리 꽃이지요/당신이 이루어놓은 꽃이지요(봐요! 저 백자항아리 꽃들을)"에서나 또는 "바구니에 호미 챙겨들고/냉이 캐러 가요! 소리치며/연못가 양지바른 밭으로 뛰어가네//겨우내/이 걱정 저 걱정 어둡기만 하더니/웬일인가! 오늘 저 활기찬 모습은(봄의 활기)"를 통해 다시금 해명되어지지만, 화자의 지극히 선한 심성과 겸허함은 참회의 무릎 꿇음 뒤에 은총의 신비함을 체득할 수 있는 신앙과도 연계성을 지니기에, 순수서정성을 확립시키는 전율 같은 가슴 떨림을 작동시키는 효용성을 지닌다.

이 같은 현상에서 그 자신은 예언자적이고도 따뜻한 감성의 시인이기에 영혼에 투사되는 산사山寺의 맑은 목어木魚의 선율과 같은 시적 변명은, "쌀알 한 움큼 꺼내다/멀찍이서 뿌려주는 보살의 마음(아내와 비둘기)"의 보기나 "내가 어두운 삶에 빠지면/시는 해맑은 얼굴로 비추며/따스한 손으로 잡아주오(시는 해맑은 얼굴로)"와 같이 칙칙한 어둠을 말끔 걷어내어 '어두운 삶→해맑은 얼굴'로 치환置換시키는 그의 시적 묘미와 형사形似는 단순명료하여, 하찮은 미물인 비둘기에게도 존재의 틈새를 열어 보인 '보살의 마음'처럼 알맞고 따뜻한 정신기후의 조성으로 시적 정조情調 또한 가끔은 한 떨기 시의 꽃과 미소로 이처럼 현현顯現되는 것이다.

어디까지나 문종환 시인은 생생한 일탈의 정신을 예술적인 질감과 터치의 대비로서 자연에의 회귀回歸를 동일시할뿐더러, 탈진(Burn-out)된 영혼에 생명의 소중함을 섬세하게 일깨워준 순수한 정신적 발아發芽이기에 신선한 감동을 충격적으로 안겨준다. 그에게는 비록 암울한 삶의 일상도 다양하고 감각적으로 형상화되기에 간혹 공감은 예상 외로 극대화되기도 한다. 그 점에 있어 그 하나의 구체적인 현상학적 변화가 '손녀(가야금)→손자(아침)/(할아비)→할머니(전화)'라는 연계층위로 점차 열거되기에, "오늘이 어버이날이라고/제 키만큼 큰 가야금/메고 와//조상님 얼 담긴 가야금 타주는 모습/가야나라 공주님이시네/신라나라 공주님이시네(손녀딸과 가야금)"의 보기나 "삶의 터전 마련하려/먼 길 공부하러 떠나는/큰손자//그래 잘 다녀오너라/글로벌세상인데 이 할아비인들/어찌 네 갈길 막을 수야 있겠냐(이아침 큰 손자가)" 또는 "오늘 제주도 피서 가서 걸어온/손녀딸 전화 받는 할미얼굴은/활짝 핀 함박꽃웃음이니(할미와 손녀딸의 전화)"에서와 같이 못내 신비한 열쇠처럼 시의 근저에 깔려 있는 꽃말이 '수줍음, 부끄러움'인 '함박꽃(웃음)'은 지각이나 투시력이 가일층 뛰어난 독자라면 예외 없이 놓치지 말아야 할 인자因子에 해당한다.

여기서 유념할 점이라면 에밀 슈타이거(E. Steiger)는 '서정의 본질을 회감會感'으로 정의하며 "시인은 자연을 회감하고 자연은 시인을 회감한다."라고 주장하였듯이 시적 자아에서 분출되는 서정은 자연과 인간, 그리고 사물에 대한 주체의 동일자적 욕망의 인식을 관통한다. 까닭에 동일자적 욕망으로 타자를 응시함으로써 타자를 왜곡시킬 수 있는 점과 타자 중심의 깊은 사유를 관통해 갈등 · 대립을 해소시켜 끝내 공감의 영역을 확장시키는 가능성을 지님은 비교적 호흡이 짧은 〈시누와 올케〉, 〈나의 시는 나에게(2)〉를 통해 확증된다.

> 복사꽃/싸리꽃/한창이고//
> 모과나무도 시샘하며/꽃망울 터트리느라/안간힘 쏟는데//
> 모처럼/날 잡아내려온 누님과/질경이 캐는 아내여//
> 꽃 속에서 노닐던 산새들도/두 분 나누는 이야기에/시끄럽다 날아가네요//
>
> — 〈시누와 올케〉 전문

> 나의 시는 나에게/마음을 비우라합니다 그래야/그 자리에 들어올 수 있다고//
> 마음속/욕심으로 가득 차 있으면/들어 올 자리가 없다고//
> 마음을 비워준다 하더라도/나에게 줄 수 있는 건/뒤엉킨 설렘과 좌절뿐이라고//
>
> — 〈나의 시는 나에게(2)〉 전문

이처럼 시적 응축미가 현저하게 돋보이는 "꽃 속에서 노닐던 산새들도/두 분 나누는 이야기에/시끄럽다 날아가네요"라는 시편 〈시누와 올케〉나 또는 연작시에 해당하는 〈나의 시는 나에게(2)〉를 통한 진지한 탐색과 그 나름으로 각고의 노력 끝에 형태의 추구에 도달하여 독자적인 조화를 통섭通涉하는 문종환 시인의 특이성에 관한 '공간과 시각, 그리고 시적 중량감'에 대한 탐색작업은 지극히 유의미하다. 따라서 그 자신의 시편에 수용된 전의식前意識에 의한 자아의 시적 형상화는 "내 오늘 내려온 김에 큰 맘 먹고/차례대로 저 꽃들 둘러봐주며/강낭콩 밭부터 일구긴 하겠다만//한꺼번에 폈으니 한꺼번에 질 꽃들!/내 무슨 재미로 꽃 없는 농장에서/5월 한 달 밭갈이하나 한숨 나오네(노인과 꽃 (1))"와 같이 비록 밭갈이를 통한 육체적 노동을 '뼈를 삭이고 피를 말리는' 시 창작이라는 정신작업의 고뇌와 결부結付지어 '5월 한 달 밭갈이하나 한숨 나오네'라는 비탄을 흘리면서도 행복감에 젖어 감미로운 음조로 그 자신이 태를 묻고 아득한 유년의 꿈이 자리한 아아峨峨한 청산의 자락에 머물며 낯익은 풍물과 친근한 이웃에게 시적 감흥에 취한 들뜬 정조를 이처럼 권유하고 있음은 새삼 흥미롭다.

이처럼 인간의 정신적 행복은 외적조건에 의해서가 아닌 내적성숙의 미감에 의해 결정된다. 스티븐 코비(Stephen R. Covey)는 "세 종류의 삶에 대하여 언급하기를, 공적인 삶과 사적인 삶, 그리고 세 번째는 내면의 삶이다."라고 지적하였듯이, 이 시대의 대중에게 절실히 요청되는 것은 인간이 사용하는 유일한 하늘나라의 언어인 '감사'의 일상적 사용이다. 감사는 '65룩스' 빛의 밝기로 표시되는 '고마움'을 전제하기에, 이국異國에 거주하는 아들을 반 년만의 재회를 '반가워라'는 감탄을 쏟아낸 시편 〈눈과 함께 왔구나 아들아〉를 통해 "고맙기도 한 셋째아들/멀고먼 나라에서 힘들여/어미생일이라고 찾아오다니"에서 확인되는 한결 같은 부모의 심사心事는 못내 신선한 충동, 역동성이다.

모름지기 엄숙한 삶에 있어 자기파멸인 고독이 아니라, '홀로 있기'를 통해 보다 내적 충만을 체험하는 삶의 일상은 시적 감응을 일깨워준다. 따라서 의미를 지닌 정신적 산물인 시편을 통해 생명의 모형이며 총합의 개체로서 정서의 양감量感인 질료를 일관되게 보편적 정서에 담아낸 집념이기에, 소우주의 표징으로 과거의 작업에 비해 한층 성숙하고 그 깊이와 중후함은 타당성이 따른다. 혹여 배경지식에 의해 과거에 집착하면서도 잇닿은 시간대를 축으로 정신세계를 존재와 빛나는 감성의 융합으로 해명하는 그 자신의 지속적인 관심은 생명의 존엄성에 대한 일깨움으로 적절하게 시적거리를 두고 있음은 주지할 바다.

3. 생각의 속도와 시적 감응感應

각론하고 창조적 영혼은 보다 아름답고 위대하기에, '생명적인 활력(gold brain)'이 넘쳐난다. 따라서 정신작업의 종사자인 문인은 갈등과 모순에 기인한 마음의 깊은 상처(trauma)로 소소한 삶의 일상에서도 깊은 절망감으로 좌절한 이들에게 밝은 비전을 일깨워 줄 중차대한 소임을 수행하여야 한다. 이 점에 있어 1995년 청각장애자의 몸으로 미스 아메리카의 영예를 얻었던 헤더 와이스톤이 '이 지상에서 가장 불행한 장애자는 불평하는 자이다. 그는 자신을 불행하게 만들 뿐만 아니라, 주위의 모든 사람을 불행하게 만든다.'라며 기자의 질문에 답하였듯이 신뢰와 공의, 그리고 감사함을 저버린 이들의 행태가 무릇 불행을 안겨주는 인자因子임은 항상 기억에 소중하게 담아두어야 한다.

앞서 랜섬(John Crowe Ransom)이 "시는 자연미의 표현이며, 상상이라는 훌륭한 기능이 시의 작인作因이다."라고 지적하였듯, 꿈의 시학으로 해석해도 지나치지 않는 그 자신의 시정신은, 비교적 푸른 꿈이 내재되어 있는 식물성 언어로 직조된 전율이며, 기억 뒤편의 잊혀진 황홀함에서 비롯된 '행복한 언어의 집짓기'에 해당된다. 때문에 자기직업에 충직한 한 사람의 존재자로 지식 · 정보화시대를 살아가면서 사유의 시간을 의지의 접합과 조화로움, 그리고 투명한 음조를 쏟아내며 인간의 환경파괴로 거대한 숲이 새들의 안식처와 노래마저 살아지게 할 위기에서 인용한 아래 시편의 멋스러움은 신선한 시의미를 교시教示한다.

저 소리가 그리도 기다리던 소리인가
저 소리가 그리도 애태우던 소리인가
저 소리가 그리도 원망스럽던 소리인가

— 〈가뭄 뒤의 빗소리〉 전문

특히 절박한 삶의 현상에서도 현상적으로 갈증에 목마른 대

지나 깊은 영혼의 상처를 치유하고 촉촉이 다독이며 적셔줄 '가뭄 뒤의 비(소리)'가 가뜩이나 절박한 것은, 사변성을 지닌 자의 관심사인 까닭이다. 차지에 『쟝 크리스토퍼』에서 로망롤랑이 "죽어야 할 자여, 죽음으로 가리라. 괴로워해야 할 자여, 괴로움으로 가라. 행복하고자 사는 것이 아니니, 나의 섭리를 이루고자 사느니라. 괴로움을 당하여라. 그리고 죽어라. 그러나 네가 되어야 할 것이 되어야 한다.-한 인간이"라는 기술은 독자인 우리 또한 주지할 바다.

그 같은 맥락에서 유한적 존재인 인간은, 온갖 고뇌를 겪어야 할 비극적인 실체인 까닭에, 위대한 제왕도 그 자신의 운명에서 벗어날 수는 없다. 놀랍게도 문종환 시인이 인생의 황혼기를 만보漫步하며 "저 인고의 꽃 세 송이에서/아버님 얼굴 내미시어/웃고 계시네//꽃송이 보면서 누군가를 그리워하면/그 얼굴 나타난다더니/아버님 나타나셨네(인고의 꽃 세 송이(3))"라는 존재의 빛남 앞에 그 자신 격이 없이 자위自慰하며, 비록 암울했던 가족사도 조용히 인고로 버텨내고 그날의 정한情恨을 회감會減하면서도 생명경외의 자존감을 당당하게 지켜낸 그 자신의 강직한 시혼은 못내 다정다감하여 눈물겹다.

모름지기 사람人間은 가치 있는 삶을 위해 사유의 깊이를 더하되 절박한 삶의 현상 앞에서도 밤에 입은 잠옷이 한순간 수의囚衣가 되는 가능성도 부정할 수 없는 존재이다. 까닭에 존엄한 삶을 살아가면서 가치 있는 삶을 위해 그 자신을 물음 앞에 겸허히 놓아보아야 할 것이나 존귀한 생명외경심이 경시되는 세태에서, "어제는 어떻게 살아왔고, 오늘은 어떻게 살아가고 있으며, 내일은 어떻게 살아갈 것인가? 그리고 생의 종말 뒤에 우리의 영혼 문제는 어떻게 될 것인가?"와 같은 본질적인 물음 앞에서 소중한 삶의 문제의식은 끊임없이 탐색을 지속할 일이다.

결론적으로 절명絕命의 한순간에서도 위대한 창조적 영혼의 소유자로 지칭하여도 결코 지나치지 않을 문종환 시인은, 비교적 꽃과 같은 식물성 질료를 시적 대상으로 확정하고 그 축을 중심으로 일관되게 윤무하고 있을 뿐 아니라, 심상의 미적 주권을 확립하기 위해 시의 독자성을 끈질기게 담금질하며, 구도적 자세로 전통의 틀을 쌓고 허물며 아우르기를 반복하기에 그 자신의 의지표명은 극명하고 존귀하다. 아울러 체내의 에너지를 토해내어 황혼의 색조마저 사랑하는 그 자신이 저토록 존엄한 생명외경심을 불러일으키는 점을, 대륙의 심장에 각인시켜 우리 현대시사詩史에 있어 '존재감 빛나는 고귀한 별의 시인'으로 오래 기억되기를 다시금 소망할 따름이다.

계간문예시인선 119
문종환 시집_ 지족知足

초판 인쇄 | 2017년 7월 31일
초판 발행 | 2017년 8월 05일

지 은 이 | 문종환
회 장 | 서정환
발 행 인 | 정종명
편 집 주 간 | 차윤옥

펴낸곳 | 도서출판 계간문예
편집부 | 03132 서울 종로구 삼일대로 30길 21 종로오피스텔 808호
주소 | 03132 서울 종로구 삼일대로 32길 36 운현신화타워 305호
전화 | 02) 3675-5633, 070-8806-4052
팩스 | 02) 766-4052
이메일 | munin5633@naver.com
등록 | 2005년 3월 9일 제300-2005-34호

ISBN 978-89-6554-162-2 04810
ISBN 978-89-6554-118-9 (세트)

값 50,000

잘못 만들어진 책은 바꾸어 드립니다.

이 도서의 국립중앙도서관 출판예정도서목록(CIP)은 서지정보유통지원시스템 홈페이지(http://seoji.nl.go.kr)와 국가자료공동목록시스템(http://www.nl.go.kr/kolisnet)에서 이용하실 수 있습니다.(CIP제어번호: CIP2017018885)